Das neue Rußland

Das Ende der Sowjetunion — Die August-Revolution und Jelzins Sieg — Gorbatschow verläßt die Bühne — Wohin steuert der neue Staatenbund GUS?

Mit einem Vorwort von Boris Jelzin

Die Nachfolgestaaten der ehemaligen Sowjetunion

ARMENIEN
Fläche: 29.800 qkm
Einwohner: 3,6 Millionen

1915 wurden die Armenier von den Türken fast ausgerottet, 1921 von den Bolschewiken in die UdSSR eingegliedert. Immer wieder blutige Grenzkonflikte mit Aserbaidschan. Ein Streitpunkt ist auch Berg-Karabach, das mehrheitlich von Armeniern bewohnt wird, aber zu Aserbaidschan gehört. 1988 forderte ein Erdbeben 22.000 Tote.

ASERBAIDSCHAN
Fläche: 86.600 qkm
Einwohner: 7,2 Millionen

83 Prozent der Bevölkerung sind schiitische Moslems. Nach der Oktoberrevolution bis 1919 zunächst von deutschen, britischen und französischen Truppen besetzt, danach von der Roten Armee überrannt und 1922 der UdSSR einverleibt. Unabhängig seit August 1991. Es werden Zitrusfrüchte, Baumwolle, Wein und Tee angebaut, und es gibt eine wenig entwickelte Ölindustrie.

ESTLAND
Fläche: 45.100 qkm
Einwohner: 1,6 Millionen

Das kleinste der baltischen Länder wurde 1710 russisch. 1940 besetzten deutsche und sowjetische Truppen Estland. Seit August 1991 unabhängig.
Das Land hat eine leistungsfähige Landwirtschaft und eine vergleichsweise moderne Industrie, ist aber, wie die Nachbarn Litauen und Lettland, auf Rohstoffe aus Rußland angewiesen.

GEORGIEN
Fläche: 69.700 qkm
Einwohner: 5,6 Millionen

1921 von der Roten Armee erobert und der UdSSR angegliedert, seit April 1991 unabhängig. Wenig entwickelte Industrie. Das Land lebt vor allem von der Nahrungs- und Genußmittelproduktion, der Hüttenindustrie, dem Schiffbau und der Landmaschinenherstellung. Im feuchtwarmen Klima am Schwarzen Meer wird Tee angebaut.

KASACHSTAN
Fläche: 2.717.300 qkm
Einwohner: 16,7 Millionen

1936, nachdem sich die Kasachen lange gegen die Sowjetisierung gewehrt hatten, wurde es Unionsrepublik. Unabhängig seit August 1991. Es gibt reichlich Bodenschätze, vor allem Kohle, Eisenerz und Buntmetalle. Landwirtschaft und Industrie sind vergleichsweise modern. Das Land war wichtiger Energielieferant der UdSSR.

Mitglied im neuen Staatenbund GUS

MOLDAWIEN
Fläche: 33.700 qkm
Einwohner: 4,5 Millionen

Fast zwei Drittel der Einwohner sind Rumänen und Moldauer, der Rest überwiegend Russen und Ukrainer. Unabhängigkeitserklärung im August 1991. Mildes Klima begünstigt die Landwirtschaft, vor allem den Wein- und Tabakanbau. Geringe Öl- und Gasvorkommen, kaum Industrie. Teile der Bevölkerung wollen die Einheit mit Rumänien.

RUSSLAND
Fläche: 17.075.400 qkm
Einwohner: 147,4 Millionen

Mit 76 Prozent der Gesamtfläche war Rußland die größte Republik der UdSSR. Enorm rohstoffreich, vor allem an Gas, Öl, Kohle, Eisenerz, Buntmetallen und Gold. War wichtigster Getreide- und Energielieferant, verfügt über eine breite Industriebasis mit Chemie und Automobilbau, Schwer- und Rüstungsindustrie.

TADSCHIKISTAN
Fläche: 143.100 qkm
Einwohner: 5,4 Millionen

Zwei Drittel der Bevölkerung sind sunnitische Moslems. Das Land ist sehr arm. Die Bergweiden der Tadschiken, auf denen Schafe, Rinder und Yaks gehalten werden, liegen bis zu 7 500 Meter hoch. Nur 6 Prozent der Fläche sind nutzbar. Das Land, seit 1929 Unionsrepublik, erklärte im September 1991 seine Unabhängigkeit.

TURKMENIEN
Fläche: 488.100 qkm
Einwohner: 3,7 Millionen

Mehr als zwei Drittel der Bevölkerung sind moslemisch-sunnitische Turkmenen. Die Karakorum-Wüste erstreckt sich über 80 Prozent des Landes, von dem nur zwei Prozent landwirtschaftlich genutzt werden können. Angebaut werden vor allem Baumwolle, Obst und Gemüse. Feigen und Datteln sind wichtige Exportgüter.

GISISTAN
...e: 198.500 qkm
...ohner: 4,5 Millionen

...936 Unionsrepublik, seit ...st 1991 unabhängig. ...and ist kaum erschlos... ...nd nur zu 7 Prozent ...irtschaftlich nutzbar. ...llem die Viehhaltung, ...e und Ziegen zur Woll... ...uktion, eine bescheidene ...industrie und Boden... ...ze in den Höhen des ...Gebirges - Gold, Kohle, ...Öl - sind die wichtigsten ...rbsquellen.

LETTLAND
Fläche: 64.590 qkm
Einwohner: 2,7 Millionen

Erklärte im August 1991 seine Unabhängigkeit. Landwirtschaft und Industrie sind im Vergleich zu den anderen Republiken der früheren UdSSR hochentwickelt. Gemeinsam mit Estland und Litauen versucht das Land, in enger wirtschaftlicher Zusammenarbeit den Anschluß an die westliche Welt zu finden.

LITAUEN
Fläche: 65.200 qkm
Einwohner: 3,7 Millionen

Erklärte 1918 seine Unabhängigkeit von Rußland, wurde aber, wie das übrige Baltikum, 1939 durch den Hitler-Stalin-Pakt der Sowjetunion zugeschlagen. Über die modernen Häfen des inzwischen selbständigen Litauen sind vor allem die skandinavischen Nachbarn schnell zu erreichen - für das Land ein bedeutender Wirtschaftsfaktor.

...SSRUSSLAND
...e: 207.600 qkm
...ohner: 10,3 Millionen

...als 2 Millionen Weiß... ...n, vor allem Juden, ...dem Naziterror zum ... Unabhängig seit ...st 1991. Weißrußland ...gt über eine produktive ...wirtschaft mit Getreide... ...u und Viehwirtschaft. ...triebschwerpunkte ...der Automobil- und ...maschinenbau, ...uterproduktion und ...hemie.

UKRAINE
Fläche: 603.700 qkm
Einwohner: 51,7 Millionen

1919 von der Roten Armee besetzt, spätere Autonomiebestrebungen wurden von Stalin grausam unterdrückt. Im Dezember 1991 entschieden sich die Ukrainer für eine völlige Unabhängigkeit. Das Land, reich an Bodenschätzen und hochindustrialisiert, war einer der stärksten Wirtschaftsfaktoren der Sowjetunion.

USBEKISTAN
Fläche: 447.400 qkm
Einwohner: 20,3 Millionen

1876 fielen mehrere Territorien, überwiegend von Moslems bewohnt, an Rußland, 1925 wurde Usbekistan Sowjetrepublik. Seit August 1991 unabhängig. In dem kargen Land, das auf die Einfuhr von Nahrungsmitteln angewiesen ist, wird Baumwolle angebaut. Die wichtigste Einnahmequelle sind bedeutende Erdgasvorkommen.

Inhalt

Vorwort
Von Boris Jelzin
Seite 7

Der Putsch
Drei Tage, die ein Weltreich sprengten
Von Sergej Klementjew
Seite 8

Wenn kein Stein auf dem anderen bleibt
Erfolge und Fehler der Perestrojka
Die Ära Gorbatschow von 1985–1991
Von Mario R. Dederichs
Seite 72

Wohin führt der Weg?
Eine Lawine von Umbrüchen.
Das Ende der Sowjetunion und der neue Staatenbund GUS
Von Georgi Arbatow
Seite 122

Die Chronik der Ereignisse
Seite 156

Vorwort

Lieber Leser,

in Ihrer Hand befindet sich ein einzigartiges Album. Diese Fotos zeigen — neben anderen Ereignissen — die einzelnen Phasen der tragischen und heroischen Tage des Putschversuchs vom August 1991.

Nicht nur in Moskau, sondern in ganz Rußland, ja sogar der ganzen Welt war man tief besorgt über die möglichen Folgen des Putsches. Die Ereignisse überstürzten sich, und die Lage schien sich in jeder Stunde grundlegend zu ändern. Manchmal hatte es den Anschein, als würden die reaktionären Kräfte siegen, doch dann widerstand die junge Demokratie des Landes dem Ansturm. Am Ende wurde das Land nicht von den staatlichen Institutionen gerettet, deren Pflicht es gewesen wäre, dies zu tun, sondern von gewöhnlichen Bürgern, die eine neue Versklavung verhindern wollten.

Nach Jahrzehnten der Knechtschaft schaffte es das Volk endlich, sich aus seiner inneren Erstarrung zu lösen und dem alten Regime den Gehorsam zu verweigern. Es zeigte seine feste Entschlossenheit, seine Freiheit wiederzugewinnen und damit auch seine Würde. Wille und Glaube der Menschen waren stärker als die Panzer, das einzige „Argument", das die Putschisten aufzubieten vermochten.

Eine besondere Rolle bei der Vereitelung des Putsches spielten die Bürger Moskaus. Drei Tage lang, vom 19. bis zum 21. August 1991, waren sie die wahren Herrscher Moskaus und nicht das sogenannte „Komitee des Nationalen Notstands". Es waren die Bürger Moskaus, die einen entscheidenden Einfluß auf die Armee ausübten, die zuvor die verbrecherischen Befehle der Putschisten befolgt und eine friedliche Stadt besetzt hatte. Es waren die Moskowiter, die das russische Parlaments- und Regierungsgebäude verteidigten, und nur ihnen ist es zu danken, daß die russische Trikolore, die zu einem Symbol der Freiheit und des Sieges geworden ist, heute über der Stadt weht.

Die reaktionären Kräfte haben nicht gewonnen. Doch täuschen wir uns nicht: Damit sich ein solcher Putsch nie wiederholen kann, müssen alle Einzelheiten des Putschversuchs sorgfältig studiert werden. Und seine Urheber müssen alle Konsequenzen ihres Tuns nach Recht und Gesetz auf sich nehmen. Wir müssen sie streng, aber gerecht bestrafen.

Dem Land sind tiefe Wunden geschlagen worden. Es wird nicht leicht sein, sie zu heilen, und es wird viel Zeit erfordern. Wir stehen heute alle vor einer ungeheuren Aufgabe. Es darf nicht zu einer Neuauflage der alten bolschewistischen Parole kommen „Wer nicht für uns ist, ist gegen uns". Statt dessen müssen wir jetzt alle fest zusammenstehen, um uns im Namen eines zivilisierten und freien Rußland dem Wiederaufbau zu widmen.

Möge dieser Sieg über die Kräfte des Unheils uns alle weiser, tapferer und besser machen.

Boris Jelzin
Präsident der Russischen
Föderativen Republik

Der Putsch
Drei Tage, die ein Weltreich sprengten

Es ist — zumindest im Westen — direkt zur Mode geworden, die Putschtage vom August als die „Tage, die die Welt erschütterten" zu bezeichnen. Für den normalen Moskauer Bürger aber begann dies alles sehr viel undramatischer. Den Morgen des 19. August begrüßte ein strahlender Sonnenaufgang. Es würde wieder einmal einer dieser typischen stickig-heißen Moskauer Augusttage werden.

Auch als um sechs Uhr morgens im Frühstücksfernsehen und ebenso in den Rundfunknachrichten eine Erklärung des Vorsitzenden des Obersten Sowjet der UdSSR, Anatolij Lukjanow, verlesen wird, ist noch niemand beunruhigt, höchstens verwundert. Denn Lukjanow wendet sich gegen die für den folgenden Tag geplante und von Gorbatschow geforderte Unterzeichnung des neuen Unionsvertrages.

Und das irritierte die Frühaufsteher nun doch etwas. Was treibt ausgerechnet den engsten Freund und Gesinnungsgenossen Gorbatschows dazu, sich plötzlich gegen diesen von Gorbatschow so oft und so eindringlich als für den Bestand der Union ungeheuer wichtigen Vertrag auszusprechen? Aber da war man in den letzten Monaten bereits einiges gewohnt. So genau hörte man da gar nicht mehr hin. „Die da oben" waren sich halt wieder einmal nicht einig.

In diesen Tagen waren die Bürger der Sowjetunion, nicht nur Moskaus, schon seit langem in eine Art politischer Apathie verfallen. Geredet wird da oben viel, getan wird gar nichts. Die Geschäfte werden immer leerer, und die Preise steigen. Auf den Märkten schalten und walten die Mafiosi aus den südlichen Republiken, die die Preise diktieren. Bei der offensichtlichen Macht- und Kraftlosigkeit der neuen Demokraten gegen diese Zustände bleiben den Bürgern wieder einmal nur Stoßseufzer. Selbst Gorbatschow kann da die Phantasie und die Hoffnungen der Menschen nicht mehr beflügeln. Allzuoft schon hatte man sich anhören müssen, daß bald alles besser würde, daß der Sozialismus ein menschliches Gesicht erhalten solle, daß der Mensch im Mittelpunkt stehen werde. In der Realität aber lebte dieser Mittelpunkt Mensch nur von Tag zu Tag schlechter...

Aus diesem Grund waren die ersten Meldungen der sowjetischen Medien am Morgen des 19. August für die Bevölkerung auch keineswegs ein Schock. Man stutzte nur ein erstes Mal, als Hinweise veröffentlicht wurden, wonach Gorbatschow erkrankt sei und seinen Amtspflichten nicht nachkommen könne. Eine Erkrankung eines Generalsekretärs der KPdSU — das war eigentlich immer für eine kleine Sensation gut. Aber diesmal fehlte etwas, das normalerweise solchen Meldungen automatisch zu folgen pflegte: das obligatorische ärztliche Bulletin. Und das Ausbleiben dieser Erklärung machte nun wirklich stutzig.

Als dann auch noch in Fragmenten einige Passagen aus dem Aufruf eines merkwürdigen Notstandskomitees die Ohren der Hörer erreichten, da allerdings wurde es manchem auch schon recht mulmig ums Herz. Zumal diesem Komitee Gennadi Janajew vorstehen sollte. Galt er doch als Unsympath, als falscher Fünfziger, und alle Welt hatte sich über Gorbatschow gewundert, als er ausgerechnet diesen Mann zu seinem Vize auserkor, sogar das Parlament zweimal beschworen hatte, Janajews Kandidatur zu akzeptieren. Denn gerade dieser Janajew, so hatte Gorbatschow den Abgeordneten beteuert, sei der Mann, ohne den er seine Reformen nicht zu einem positiven Ende bringen könne.

Und dann hörte man auch noch den Namen von Pawlow, dem Premierminister. Aber hatte es nicht gerade dieser Pawlow verstanden, sich beim Volk in kürzester Zeit unbeliebt zu machen durch seine Tricks, als er über Nacht die 50- und 100-Rubel-Scheine aus dem Verkehr zog? Im Volk zumindest galt er seitdem als Betrüger. Und Pawlows Dauer-Entschuldigung, nur der Westen trage Schuld an der Misere der einheimischen Wirtschaft, wurde durch die ständige Wiederholung auch nicht glaubwürdiger. Nein, dieser Pawlow war in jeder Beziehung eher eine Belastung für Gorbatschows „Neuen Weg".

Daß dem „Notstandskomitee" schließlich auch noch Leute wie Verteidigungsminister Jasow oder Krjutschkow, der Chef des KGB, angehören sollten, konnte dann schon niemand mehr verwundern. Ersterer war schon durch das viele Blut, das er mit seinen (eigenmächtigen?) militärischen Interventionen in Tiflis, in Wilna oder Riga vergossen hatte, bei der Masse der Bevölkerung unpopulär wie kaum ein anderer. Und beide hatten sich restliche Sympathien verscherzt durch die unverschämte Selbstverständlichkeit, mit der sie Privilegien etwa bei der Versorgung mit luxuriösen Villen-Wohnsitzen für sich in Anspruch nahmen in einer Zeit der wachsenden Verarmung der Bevölkerung.

Doch selbst als in den Nachrichten erwähnt wurde, daß wegen des schlechten Gesundheitszustands Gorbatschows nun alle Vollmachten des Präsidenten auf Janajew übergegangen waren, war man eher wegen des Namens Janajew erschrocken, aber keineswegs nun grundsätzlich durch die Tatsache der Entfernung Gorbatschows aus dem Zentrum der Macht. Für das Ausland mag diese Meldung als brutaler Schock gewirkt haben. Innerhalb der UdSSR aber konnten die Putschisten in ihr Kalkül ziehen (und hatten das wohl von Anfang an getan), daß das Volk in seiner Mehrheit den Politiker Gorbatschow schon längst nicht mehr gläubig bewunderte oder gar verehrte.

Zu wenig hatte sich für den einzelnen in den sieben Jahren seiner Perestrojka, des versprochenen Um- und Aufschwungs, faktisch wirklich zum Besseren verändert im politischen Alltag allgemein und in der Lebensqualität eines jeden einzelnen Bürgers.

Doch dann geschah etwas, womit die Putschisten nicht gerechnet hatten, und was seither Geschichte ist:

Um 11 Uhr vormittags an diesem 19. August gibt Boris Jelzin die erste Pressekonferenz nach Beginn des Putsches. In dem Aufruf an die Bürger Rußlands bezeichnet er den Vorgang der Machtübernahme durch das Notstandskomitee als Staatsstreich und ruft zum unbefristeten politischen Generalstreik auf. Ferner erläßt er einen Ukas, in dem er die Befolgung der Anordnungen des Notstandskomitees auf russischem Gebiet untersagt.

Zu diesem Zeitpunkt sieht man auf den Straßen Moskaus bereits die ersten Panzer, allerdings nur in der Stadtmitte. Das Militär hat das Gebäude des sowjetischen zentralen Fernsehens besetzt. Laut Verfügung der Putschisten sind auch die Sendungen der Radiostation Echo Moskau verboten.

Vor dem „Weißen Haus" sammeln sich die ersten Beschützer des russischen Parlaments. Es sind nicht nur Moskauer, sondern auch Menschen aus umliegenden Vororten, aber immer noch durchweg begeisterte Anhänger Jelzins. Niemand von ihnen dachte in diesen ersten Stunden in so historischen Dimensionen, daß es etwa um das Schicksal des russischen Parlaments, der Union oder gar um das persönliche Wohl und Wehe des Präsidenten Gorbatschow gehen könne. Nein, Hauptfigur und Symbol des Widerstands gegen die Putschisten war nur Jelzin.

In der Stadt selbst ging das Leben seinen gewohnten Gang. Nur wer direkt im Zentrum zu tun hatte, sah und wußte überhaupt, daß in der Stadt Panzer standen. Fünfhundert Meter vom Roten Platz entfernt unterhielten sich höchstens einmal ein paar Passanten, fragten den Nachbarn auf dem Weg zur Metro-Station, ob er denn wisse, was da jetzt los sei.

Die Unsicherheit dauerte an, bis endlich alle Bürger im Fernsehen die Pressekonferenz der Mitglieder des neuen Notstandskomitees mitverfolgen konnten. Zuvor hatten sie sich ausgiebig an Tschaikowskys Ballett „Schwanensee" ergötzen dürfen. Warum Fernseh-Chef Leonid Krawtschenko gerade dieses Ballett ausgewählt hatte, um die aufgeschreckten Bürger zu beruhigen, weiß der liebe Gott allein. Jedenfalls lief es mehrfach hintereinander über die Bildschirme — bis die Aufführung plötzlich unterbrochen wurde.

Und da sah man sie dann aufgereiht vor sich — diese Galerie von Männern, die den Putschversuch unternommen hatten. Wenn bis zu diesem Zeitpunkt der Bürger noch nicht genau wissen konnte, ob diese Leute vielleicht doch etwas Gutes im Schilde führen oder ob Gorbatschow aus unerklärlichen Gründen vielleicht wirklich einen plötzlichen Kollaps erlitten hatte — jetzt, beim ersten gemeinsamen Auftritt dieser Männer im Fernsehen war ihr Eindruck bei den Zuschauern vernichtend, ein niederschmetterndes Bild: Um Gottes willen — diese Mannschaft soll sich unser Präsident selbst ausgesucht haben, um unser Land aus der Krise zu retten?

Janajews Hände zitterten wie bei einem notorischen Säufer. Seine Augen blickten dazu verwirrt in die Gegend. Auch schien ihn ein arger Schnupfen zu plagen. Hilflos, mit offensichtlich stark eingeschränkter Koordinationsfähigkeit seiner Gliedmaßen suchte der Arme in allen Taschen nach einem Tuch. Und als er es endlich fand, erwies es sich als wesentlich zu klein. Zumindest konnte Janajew damit nicht auf Anhieb seine Nase finden.

Innenminister Pugo richtete hypnotisierende Blicke auf die versammelten Journalisten, als wolle er sie damit überzeugen, welch großartige Retter der Nation mit ihm und seinen Kumpanen hier angetreten seien. In der Runde fehlten Jasow und Pawlow. Im Fernsehen wurde nachgeschoben, Pawlow sei erkrankt. Wie sich später herausstellte, hatte er in der Nacht zuvor mit Janajew kräftig dem Whisky zugesprochen und war an diesem Morgen noch zu angeheitert oder zu angeschlagen, um vor die Öffentlichkeit zu treten.

Und dieser Mann war angetreten, die Union aus dem wirtschaftlichen Chaos herauszuholen, welch tragische Farce. Aber auch welch bezeichnendes Beispiel für die miserable Menschenkenntnis Gorbatschows. Hatte er doch die meisten dieser Männer selbst ins Amt berufen. Leute seines Vertrauens, ebenso wie seine eigenen Unionsminister, die noch am selben Abend auf einer Sondersitzung die Beschlüsse des Notstandskomitees billigten.

Doch am selben Abend hatten die Moskauer schon selbst gehandelt: das „Weiße Haus" war von Barrikaden umgeben, durch quer über die Straßen gestellte Busse mit einem festen Ring gesichert. Natürlich hat sich jeder in dieser Nacht so seine Gedanken gemacht, sowohl der, der vor dem „Weißen Haus" mit seinem Leben die Idee des freien Rußland schützen wollte wie auch jene, die zu Hause informationsgierig vor dem Fernseher saßen oder — noch besser — am Radioapparat der Stimme Amerikas, der BBC oder auch dem Sender Freies Europa lauschten.

Mit Angst und Schrecken mögen sie sich ausgerechnet haben, wie leicht es den Putschisten doch gelingen könnte, die 50 000 bis 70 000 Menschen mit ein paar Panzerschüssen auseinanderzufegen oder gar von einem Hubschrauber aus mit einer Bombe alles klarzumachen. Wer von all denen, die hier so selbstlos und tapfer Boris Jelzin Schutz gaben, würde ein solches Massaker überleben? Und gab es nicht das erschreckende Vorbild China, wo die Pekinger Führung mit Unterstützung des Militärs den Platz des himmlischen Friedens in einen blutigen Friedhof verwandelt hatte?

In diesen bangen Minuten fiel die endgültige Entscheidung gegen die Putschisten. Es war der Augenblick, als einige Panzerbesatzungen vor dem „Weißen Haus" mit ihren Fahrzeugen demonstrativ auf die Seite Jelzins übergingen. Ihr Signal: Sie hißten die ersten weiß-blau-roten Wimpel, die alten Farben der russischen Trikolore, an ihren Antennen. Ein Akt der Solidarität mit den zumeist ebenfalls jungen Mitbürgern vor dem „Weißen Haus", ein erstes Signal aber auch dafür, daß es die alte UdSSR und auch die von Gorbatschow erstrebte neue Union unter dem roten Banner und der Vorherrschaft der Kommunistischen Partei nie mehr geben würde.

Diesen mutigen jungen Soldaten und Offizieren ist es zu verdanken, daß es in dieser Nacht und in den folgenden Tagen nicht zu blutigen Zusammenstößen kam. Erst heute wissen wir auch, daß die eigens für diesen Staatsstreich zum Einsatz beorderten militärischen Sondereinheiten des KGB sich geweigert hatten, gegen das eigene Volk vorzugehen: auch das entscheidend für die Niederlage der Putschisten.

Und es waren die Frauen, die Mütter, die sich als stärker erwiesen als alle militärische Kommandogewalt. „Soldat, hier stehen deine Brüder, hier steht deine Mutter! Willst du wirklich auf uns schießen?" Auch diese Bilder gingen um die Welt. Frauen, die die jungen Soldaten beschworen, einsichtig zu sein, den Befehl zum Töten zu verweigern und zu begreifen: Diesmal geht es um die Freiheit eines jeden einzelnen. Und diese Appelle der russischen Mütter fanden Gehör. Die Einsicht der Militärs war schließlich ausschlaggebend dafür, daß es nicht zum Sturm auf das „Weiße Haus" kam.

Eine Einsicht, die die Putschisten einfach nicht einkalkuliert hatten. Was nur dadurch zu erklären ist, daß sie ursprünglich fest davon überzeugt gewesen sein müssen, daß Volk und Armee zu ihnen stehen würden. War der Unmut im Land nicht überall spürbar gewesen? Hatten nicht alle es satt, daß nur geredet, aber nichts unternommen wurde? Daß alles in einem Chaos zu versinken drohte?

Aber wie abgehoben von diesem Volk müssen diese Putschisten gelebt haben, daß nicht einmal mehr ihre demagogischen Tricks verfingen oder gar ernst genommen wurden. Sie versprachen eine schnelle Besserung der materiellen Lage und der Lebensmittelversorgung der Bevölkerung. Was dann wirklich geschah, gab eher Anlaß zu Spott und Witzen.

Brot blieb weiter Mangelware. Aber plötzlich tauchten in den Läden Moskaus riesige Mengen von tiefgefrorenen Forellen auf. Ein Leckerbissen. Natürlich waren die Fische im Nu ausverkauft. Aber dann rätselten die lang solcher Delikatessen entwöhnten Hausfrauen, was man denn damit eigentlich anfangen solle: Muß man Forellen kochen? Kann man sie auch braten? Wie auch immer sie dieses Problem lösten, satt geworden sind durch diese Propaganda-Aktion der Junta die Moskauer auf Dauer bestimmt nicht. Aber sie hatten wenigstens etwas zu lachen.

Wie es tatsächlich um die Macht (oder besser Ohnmacht) der Putschisten bestellt war, mag auch folgendes persönliche Erlebnis zeigen. Als ich am Abend dieses 19. August vom Moskauer ZDF-Korrespondenten Hanno Schneider angerufen wurde mit der Bitte, den Zuschauern in Deutschland meine unmittelbare Einschätzung des Putsches live aus dem Moskauer Studio zu übermitteln, setzte ich mich — zugegeben mit sehr gemischten Gefühlen — in meinen Lada. Doch ich kam ohne Zwischenfälle in der Dorogomilowskaja-Straße an. Unterwegs begegnete ich auch nur einem einzigen Panzer, der sich aber um die Autos, die ihn auf beiden Seiten passierten, überhaupt nicht zu kümmern schien. Eine eigenartige Situation. Ich wußte, jeden Augenblick sollte der Ausnahmezustand erklärt werden, eine nächtliche Ausgangssperre stand bevor. Da denkt man natürlich sofort an Panzersperren, an intensive Patrouillen auf den Straßen, von denen jeder nächtliche Passant untersucht und vielleicht auch festgenommen wird. Aber dieser Putsch schien nun tatsächlich auf typisch russische Art gemäß dem hausgemachten Chaos in Szene gesetzt. Nichts passierte.

Am nächsten Morgen jedenfalls stand es für viele Moskauer bereits fest: Dieser Putsch wird nicht lange dauern. Möglicherweise nur noch Stunden, vielleicht ein paar Tage, höchstens einige Wochen. Auf jeden Fall aber ist dies nur eine weitere tragische, aber gewiß nur zeitweilige Erscheinung in unserem Leben. Früh morgens, das erfuhren wir vom Sender Echo Moskau, suchte eine Delegation der RSFSR den Vorsitzenden des Obersten Sowjet, Lukjanow, auf und überreichte ihm im Kreml die Forderung, binnen 24 Stunden für ein Treffen mit Gorbatschow zu sorgen oder zumindest ein Gutachten unabhängiger Ärzte über seinen wahren Gesundheitszustand einzuholen. Die weiteren Forderungen: Aufhebung aller über die russischen Massenmedien verfügten Beschränkungen, Rückführung aller Truppen in ihre Kasernen.

In diesen Stunden übernahm Jelzin in Abwesenheit von Gorbatschow auch den Oberbefehl über die auf dem Gebiet der RSFSR befindlichen sowjetischen Streitkräfte. Und einem Aufruf Jelzins an die Männer Moskaus, sich am Abend zur Verteidigung des russischen Parlaments vor dem „Weißen Haus" einzufinden, leisteten wiederum Zehntausende Folge, die nun die Menge derer, die schon die vergangene Nacht und den ganzen Tag hier ausgeharrt hatten, auf fast hunderttausend Menschen anwachsen ließ.

In dieser Nacht kommt es noch einmal zu einer dramatischen Eskalation der Krise, die aber vielleicht trotz aller Tragik auch die eigentliche Wende brachte: Um 22 Uhr nehmen Panzer vom Manegeplatz aus Kurs auf das russische Parlament, werden aber am Puschkin-Platz von zumeist jugendlichen Widerstandskämpfern mit Molotowcocktails angegriffen. Ein Panzer gerät in Brand. Der Sturm auf das „Weiße Haus" scheint auch an diesem Abend gestoppt. Doch gegen 0.30 Uhr rollt ein neuer Trupp von etwa zehn Schützenpanzern über den Gartenring zur Unterführung am Kalininprospekt. Stoßrichtung: „Weißes

Haus". Schüsse fallen, einige der Panzer rammen die nächste Barrikade, fahren sich darin fest. Junge Leute versuchen, den Fahrern mit eigens dafür mitgebrachten Decken die Sehschlitze zu versperren und zerren an den Einstiegsluken, um die Besatzung aus den Panzern zu holen. In dem ungleichen Kampf Panzer gegen Menschen kommen drei Männer ums Leben. Die ersten, Gott sei Dank aber auch letzten Toten dieses unsinnigen Putsches.

Gegen 4.15 Uhr berichten Abgeordnete nach Verhandlungen mit dem Oberkommandeur der Landtruppen, die „Stunde X" sei vorüber. Alle könnten jetzt endlich beruhigt schlafen gehen. Aber da ist keiner, der die Barrikaden verläßt. Auf jeden Fall will man das Ende abwarten, noch ist es zu früh, den Sieg zu feiern.

Doch das Ende des Putsches zeichnet sich bereits ab. Am nächsten Vormittag stellt das russische Parlament den Verschwörern das Ultimatum, sich noch am selben Abend bis 22 Uhr geschlagen zu geben. Denen aber gelingt am Mittag noch einmal die Flucht — auf die Krim. Ausgerechnet von Gorbatschow wollen sie sich ihren Verrat nachträglich absegnen lassen. Der aber weigert sich, die Putschisten zu empfangen. Zu dieser Zeit ist aber auch schon eine zweite Delegation auf dem Weg zur Krim. Mit an Bord der Maschine: Vizepräsident Rutzkoj und der russische Premier Silajew. Sie holen Gorbatschow heim. Und die Moskauer stürmen noch einmal die Barrikaden — diesmal zum Tanz bis in den frühen Morgen.

✦

Seit den Putschtagen sind viele Monate vergangen. Jetzt weiß man weitaus mehr über die Drahtzieher und die wahren Hintergründe dieses laienhaft durchgeführten Operetten-Umsturzversuchs. Und man muß sich Fragen stellen. War es wirklich ein Volkswiderstand, durch den dieser Spuk so schnell davongefegt wurde? Ich glaube, nein. Auch wenn eine Umfrage in den Putschtagen in Moskau ergeben hat, daß 52 Prozent der Bevölkerung hinter den russischen Behörden standen, und selbst, wenn es tatsächlich 100 000 waren, die am Schluß auf die Barrikaden gingen. Doch realistisch muß man auch sehen: 100 000 Moskauer, das sind gerade ein Prozent der Einwohner der Stadt. Wo blieben die anderen 99 Prozent? Warum war der Widerstand so gering? Zum „Weißen Haus" konnte jedermann doch ganz bequem mit der U-Bahn fahren. In den anderen Stadtteilen herrschte völlige Ruhe, ganz gewöhnlicher Alltag. Auf den U-Bahnhöfen ging selbst der übliche Blumenverkauf weiter. Und es gab sogar Moskauer, die die ganzen drei Tage überhaupt nicht mitgekriegt hatten, daß in ihrer Stadt ein Putschversuch stattgefunden hatte.

Im Grunde hielten wohl die meisten den Putsch für einen persönlichen Machtkampf zwischen Gorbatschow und Jelzin. Da wollte man lieber abwarten. Und wenn man schon zum „Weißen Haus" zog, dann weniger für die Ideen von Freiheit und Demokratie, sondern weil man auf Jelzin noch die größeren Hoffnungen setzte, ihm als einzigen zutraute, das Land aus dem drohenden Chaos herauszuführen.

Es war der spontane, mutige Entschluß dieses einen tapferen Mannes Jelzin, es war seine entschlossene Mannschaft. Und es waren ferner im Grunde kleine Gruppen, die aber sofort verstanden hatten, daß ihre gerade erst neu eroberten Aufgaben und Lebensziele plötzlich einer tödlichen Gefahr ausgesetzt waren: die treuen Anhänger der neuen demokratischen Strukturen in Moskau und Sankt Petersburg, die jungen Burschen und Mädchen, die zeigen wollten, daß auch sie endlich Entscheidungen treffen können, wenn es um Freiheit und Leben geht, und die jungen, initiativfreudigen Unternehmer, die Börsianer und Jung-Manager, die sich den Vorgeschmack von der freien Marktwirtschaft nicht mehr nehmen lassen wollten. Sie waren es auch, die das Geld sammelten für die Hunderte Meter lange weiß-blau-rote russische Fahne, die im Triumph vom Manegeplatz zum „Weißen Haus" weitergereicht wurde.

Für sie alle muß eigentlich eine Meldung, die jetzt bekannt wurde, ein Schock gewesen sein: keine fünf Monate nach Beendigung des Putsches ist dessen Anstifter und Vollstrecker, der berüchtigte KGB-Chef Krjutschkow, wieder auf freiem Fuß. Unglaublich, aber wahr: Er wurde freigelassen, weil er angeblich gegen damalige Zustände in der UdSSR angetreten war. Da diese Sowjetunion aber nicht mehr existiere, gebe es auch keinen Grund, seine umstürzlerischen Verbrechen vom August als Staatsverrat zu verfolgen.

Sieht so das Finale aus? Eine Operettenhaft für den Operettenputschisten? Werden auch die anderen Verschwörer klammheimlich freikommen? Keine Prozesse, keine Analyse der Ereignisse, die angeblich die Welt erschütterten? Gibt es vielleicht sogar hochrangige Personen, denen eine solche Analyse gar nicht in den Kram paßte?

Es gibt die beängstigende, aber sicher nicht unberechtigte Theorie, daß dieser Putsch vom August nur eine Generalprobe war für einen wirklichen Umsturz. Manche Politologen prognostizieren ihn bereits: 1992 sei die revolutionäre Situation wirklich da, wie sie Lenin als erfolgsnotwendig beschrieben hat — und der war in diesen Dingen nun tatsächlich ein taktisches Genie: eine Führung, die außerstande ist, die übermächtig gewordenen politischen und wirtschaftlichen Probleme zu lösen, ein Volk, das weit unterhalb jeder Armutsgrenze darbt, das in seiner Masse nie Eigentum gekannt hat und schon deshalb durch einen Umsturz nichts zu verlieren hat.

Gibt es also keinen Ausweg? Doch, ich bin Optimist. Es gibt eine Lösung, um diese Katastrophe zu verhindern. Aber dafür müßten die Vorbeugemaßnahmen möglichst schnell zum Greifen kommen. Gebt dem Volk sein Eigentum zurück. Laßt die Bauern endlich wieder Besitzer ihres Grundes sein. Privatisiert die Fabriken, die Großbetriebe, Geschäfte und Werkstätten, das ganze Dienstleistungsgewerbe. Dann, und nur dann, wenn die Menschen auch bei uns wieder Eigentum besitzen, werden sie es auf keinen Fall wieder verlieren wollen — auch nicht durch einen Umsturz.

Sergej Klementjew

Auf den Barrikaden vor Jelzins „Weißem Haus"

Aus Baumaterial und Holzlatten, aus Eisenträgern und Baumstämmen haben die Bürger vor dem „Weißen Haus", dem Sitz des russischen Parlaments, hohe Barrikaden errichtet. Junge Männer sind auf die Sperren geklettert und halten Ausschau nach anrückenden Panzern — ein Augenblick, in dem Rußland ein neues Kapitel im Buch seiner Geschichte aufzuschlagen scheint. Ein Foto für die Geschichtsbücher. War es 1917 der Sturm auf das Winterpalais, der die Russische Revolution einleitete, so ist es die Bevölkerung Moskaus, die in dieser Nacht vom 20. auf den 21. August 1991 endgültig den Sowjetkommunismus auf den Müllhaufen der Geschichte schafft.

Tumult vor den Panzern

Als am frühen Mittwochmorgen eine Kolonne leichter Schützenpanzer in den Tunnel am Gartenring einfuhr, um zum „Weißen Haus" durchzubrechen, kam es in der engen Tunneldurchfahrt zum Tumult. Junge Männer verdeckten den Panzerfahrern die Sehschlitze, andere schleuderten Molotow-Cocktails auf die Tanks. Als das erste Fahrzeug abdrehen wollte, geriet ein junger Demonstrant unter die Ketten des Panzerfahrzeugs. Schwer verletzt blieb er liegen. Ein anderer Demonstrant versucht, dem Schwerverletzten zu helfen.

Brennende Tanks im Tunnel

Junge Männer hatten sich den Schützenpanzern entgegengestellt, die sich vom Gartenring her dem russischen Parlamentsgebäude näherten. Auf der Gefällstrecke zur Unterführung sprangen sie auf die vorrückenden Fahrzeuge und versuchten, mit Decken die Sehschlitze der Panzer zu verschließen. Plötzlich Schüsse. Einer der Männer stürzt ab, wird überrollt. Der erste Tote. Noch zwei junge Männer sterben in den nächsten Augenblicken. Molotow-Cocktails fliegen, einer der Panzer brennt lichterloh. „Mörder, Mörder!" rufen einige und wollen die Panzerfahrer lynchen. Andere greifen ein, beruhigen die Aufgebrachten...

Brüder oder Gegner?

Wessen Befehle die Armee ausführen würde, war bis zuletzt offen — ganz gewiß aber hat der intensive Kontakt zwischen Bürgern und Soldaten bei der Niederschlagung des Putsches eine wichtige Rolle gespielt. Daß sie auf das Volk nicht schießen werden, haben viele Soldaten beteuert — und sie haben sich am Ende auch daran gehalten. Aber auch die Demonstranten verhielten sich diszipliniert. Mit Transparenten und Gesten versuchten sie am entscheidenden Abend des 20. August, die Panzerfahrer von der Notwendigkeit des Widerstands zu überzeugen. Als die Kolonnen der Tanks in die Stadt rollten, bekamen die Soldaten eindrucksvoll demonstriert, was die Bürger wirklich dachten. „Soldaten und Offiziere Rußlands! Denkt an eure Nächsten, an eure Freunde, an euer Volk! Im schweren Moment der Entscheidung vergeßt nicht, daß ihr den Treueeid auf das Volk geleistet habt, auf das Volk, gegen das man eure Waffen benutzen will", hatte Boris Jelzin in einem dramatischen Appell an die Armee erklärt.

Bürgerwache an den Straßensperren

Rund um die Uhr bewachen junge Moskauer die Panzersperren, die sie aus Eisengittern, Bettgestellen, Holzkisten, Baumstämmen, Abflußrohren, Baufahrzeugen und Bussen errichtet haben. Am Nachmittag des zweiten Putschtages hatte Boris Jelzin die Männer Moskaus aufgerufen, sich zur Verteidigung des russischen Parlaments zu sammeln. Zehntausende kommen zum „Weißen Haus". Vizepräsident Rutzkoj erhält den Auftrag, eine russische Nationalgarde aufzustellen. Jelzin will das Heft des Handelns nicht wieder aus der Hand geben. Er muß das Putsch-Komitee unter Druck setzen — nicht umgekehrt.

Die Pressekonferenz der Putschisten

Die neuen Herren im Kreml: Auf einer Pressekonferenz präsentieren sich die Anführer des Putsches als die Retter der ruhmreichen Sowjetunion. Gorbatschow sei erkrankt, deswegen habe der Ausnahmezustand verhängt werden müssen. Von links — Alexander Tisjakow, Verbandspräsident für Industrie, Bau, Transport und Kommunikation, Wassili Starodubzew, Chef der sowjetischen Bauernvereinigung, Boris Pugo, sowjetischer Innenminister, der sich später erschoß, Gennadi Janajew, Vizepräsident der UdSSR und nun selbsternannter Gorbatschow-Nachfolger, sowie Oleg Baklanow, Sekretär für die Rüstungsindustrie im ZK.

Rede auf dem Panzer

„Es gab auch früher Versuche eines Staatsstreichs. Wir meinen, daß solche Gewaltmethoden nicht zu akzeptieren sind. Sie bringen die UdSSR vor der ganzen Welt in Mißkredit, untergraben unsere Glaubwürdigkeit in der Weltgemeinschaft, werfen uns zurück in die Epoche des Kalten Krieges und der Isolierung der Sowjetunion von der Weltgemeinschaft. Das alles veranlaßt uns, das sogenannte Komitee, das die Macht ergriffen hat, für gesetzwidrig zu erklären. Folglich erklären wir alle Beschlüsse und Verordnungen dieses Komitees für ungesetzlich." Boris Jelzin, der vom Volk gewählte russische Präsident, verlas diese Erklärung auf einem der Panzer stehend, die vor dem „Weißen Haus" aufgefahren waren und die Front gewechselt hatten. Sein Auftritt wurde von Fernseh-Teams aus aller Welt aufgenommen und in Moskau wie im Westen als der entscheidende Schritt zum Widerstand gegen die Putschisten verstanden. Mit dieser Erklärung, die sofort auf Flugblättern in Moskau verteilt wurde, war Boris Jelzin endgültig der Mann des Volkes — an seiner Entschlossenheit, seinem Mut und seinem taktischen Geschick scheiterte am Ende der Putsch. Der dramatische Appell endete mit den Worten: „Wir wenden uns auch an die Militärs mit dem Aufruf, ein hohes Staatsbewußtsein zu beweisen und an dem reaktionären Staatsstreich nicht teilzunehmen. Bis alle diese Forderungen erfüllt sind, rufen wir zu einem unbefristeten Generalstreik auf."

Gesänge auf den Präsidenten Rußlands

Fast hunderttausend Menschen versammeln sich am Mittag des ersten Putschtages vor dem „Weißen Haus" — trotz strikten Versammlungsverbots und dem Aufmarsch der Panzer. Immer wieder ruft die Menge nach dem russischen Präsidenten, und sein Name hallt über den Platz vor dem Parlamentsgebäude. „Jelzin! Jelzin!" rufen die Bürger, und „Rossija! Rossija!" Rußland, Rußland. Mit Transparenten und im Chor fordern die Bürger ihren Präsidenten auf, gegen die Putschisten durchzuhalten.

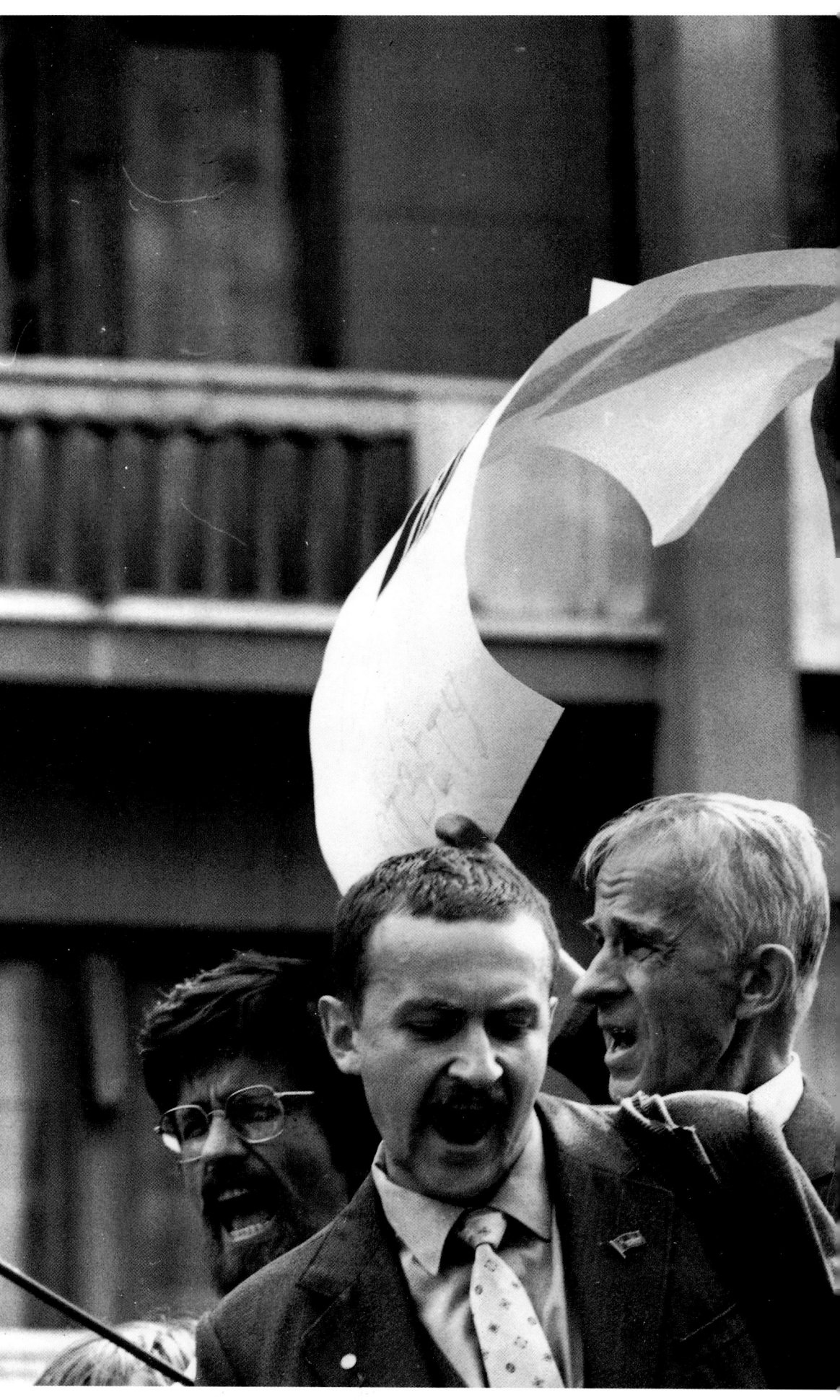

Panzer vor den Barrikaden

Alle Wege zum „Weißen Haus" sind am Abend des ersten Tages durch Barrikaden versperrt. Die Zufahrt über die Moskwa-Brücke ist mit Omnibussen abgeriegelt und mit Kampfpanzern gesichert, die sich auf die Seite Jelzins geschlagen haben. Weiß-Blau-Rot, die Farben Rußlands, fehlen auch hier nicht. Der Weg über die Brücke führt direkt ins Zentrum, zum Kreml. Am Morgen des zweiten Putschtages verbreitet die Moskauer Nachrichtenagentur „Interfax" die Erklärung des Kommandeurs der sowjetischen Luftlandetruppen: Kein einziger Schuß werde auf das russische Volk abgegeben! Kann man sich darauf verlassen? Gespannte Ruhe vor dem Sturm.

Ein Becher Cola für die Soldaten

Die Armee ist die Armee des Volkes — auf Bürger wird nicht geschossen. Zu den Wundern der Putschtage gehörte das Einverständnis zwischen Soldaten und Zivilisten. Entgegen der strengen militärischen Ordnung verschlossen sich die Soldaten nicht der Diskussion mit der protestierenden Bevölkerung. Und viele junge Soldaten, aber auch altgediente Offiziere, machten aus ihrer Ablehnung des Putsches keinen Hehl. So wechselten nicht nur einzelne Elite-Einheiten die Fronten und übernahmen den Schutz des „Weißen Hauses", auch zahllose Soldaten verbrüderten sich von den Panzerfahrzeugen herab mit den demonstrierenden Moskowitern. Zum Dank dafür versorgte die Bevölkerung die Soldaten der Roten Armee mit Lebensmitteln. Und wenn ein Pappbecher Cola von einer hübschen jungen Frau zur Panzerluke hinaufgereicht wurde, war die versöhnliche Stimmung zwischen Bürgern und Soldaten besonders augenfällig. Auf Freunde schießt man nicht. Im Hintergrund das Hotel Ukraine, gegenüber dem „Weißen Haus" auf der anderen Seite der Moskwa gelegen.

Die Fahne Rußlands signalisiert den neuen „Frontverlauf"

Schon bald nach Verkündung des Putsches wechseln einige Panzerbesatzungen die Seiten der Barrikaden. An einem der Geschütztürme vor dem „Weißen Haus" signalisiert die Fahne Rußlands weithin den neuen „Frontverlauf". Freudig wird der Service von Essen und Trinken auch auf die Männer in den Panzern ausgedehnt. Solidarität mit Jelzin wurde sogar aus dem Eismeer signalisiert. Dort scherten zwei sowjetische Atom-U-Boote aus und tauchten auf, um einen Funkspruch an den russischen Präsidenten absetzen zu können.

Auf Wache vor dem Zimmer von Lenins Geliebter

An die Geliebte Lenins erinnert die Gedenktafel an einem Wohnhaus hinter der Manege in der Nähe des Kreml. Hier hat Ines Armand von 1919 bis zu ihrem Tode 1921 gelebt, hier haben später kommunistische Revolutionäre wie Clement Gottwald und Ho Tschi Minh gewohnt. Am ersten Tag des Putsches ist ein Panzerwagen vor dem Gebäude aufgefahren. Der Standort hat strategische Bedeutung: Von hier aus ist die Zufahrt zum Kreml zu kontrollieren.

In der Nacht der Entscheidung

Die Kontrahenten haben die Reviere besetzt: Die Bürger von Moskau, hunderttausend oder mehr, haben die Zufahrtsstraßen und -plätze vor dem Russischen Parlament mit Barrikaden gesichert und warten vor dem „Weißen Haus" auf die Tanks der Putschisten. Angst und Entschlossenheit zugleich kennzeichnen die Stimmung in der Bevölkerung. Dicht gedrängt harren die Menschen im Regen aus — in jener Nacht von Dienstag auf Mittwoch, die über den Erfolg des Widerstands entscheiden sollte. Vor allem junge Moskowiter hielten Wache. Der befürchtete Angriff der Armee-Tanks fand nicht statt.

Eine Frau verteidigt die neue Freiheit

Bereits wenige Stunden nach der Verkündung des Ausnahmezustandes durch das Putsch-Komitee waren Panzerkolonnen in die Stadt gerollt. Die Besatzungen erfahren erst vor Ort von den aufgebrachten Demonstranten, weswegen sie anrücken mußten. Hier beschwört eine Moskauerin vor dem Gebäude des Ministerrats einen Soldaten, nicht auf die Menschen zu schießen, die gekommen sind, ihre junge Freiheit zu verteidigen.

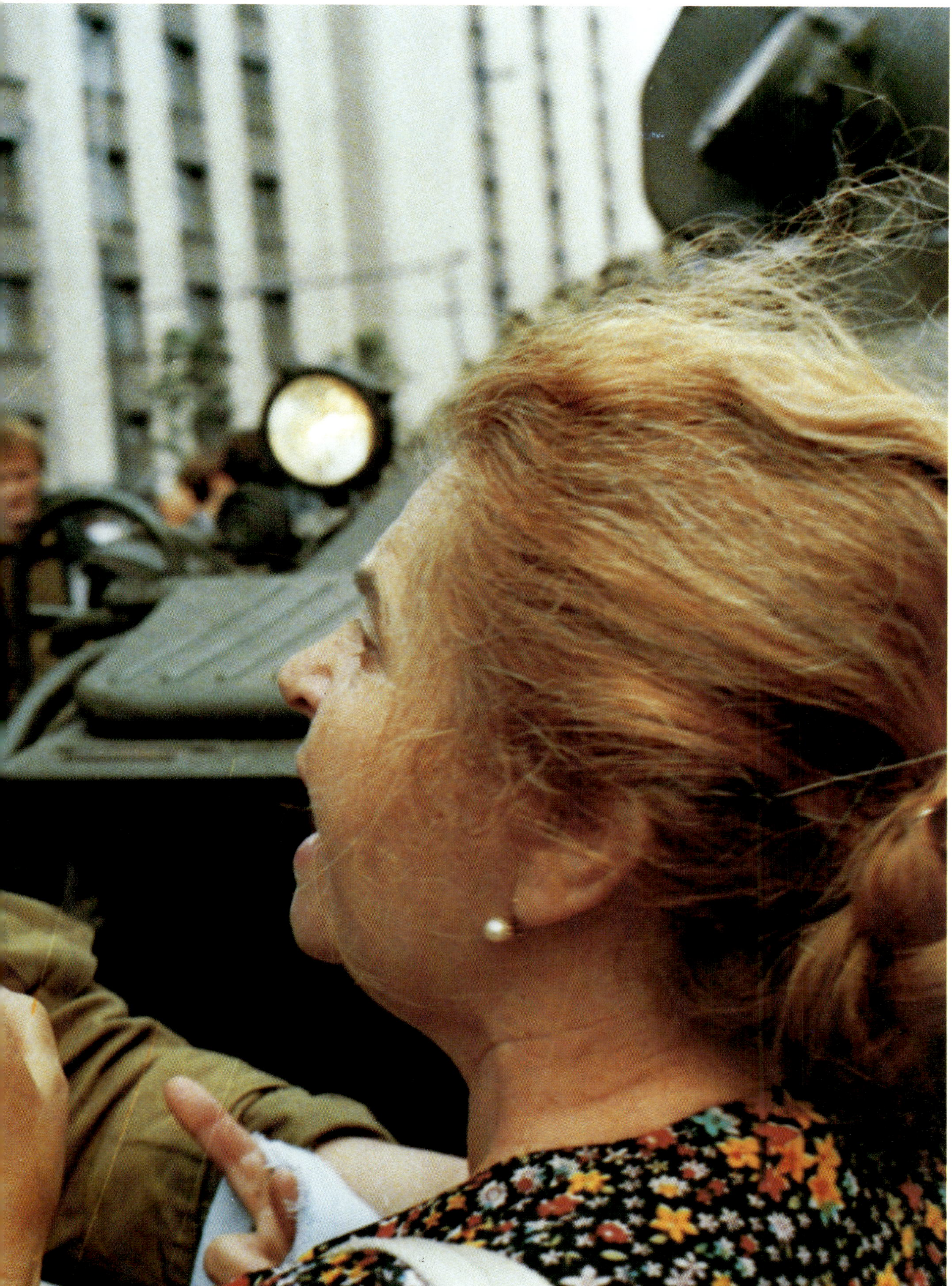

In den Stunden zwischen Macht und Ohnmacht

Nachdenklich resümiert Boris Jelzin in den entscheidenden Stunden die Lage. Seine Arbeitsräume im „Weißen Haus" werden von russischen Soldaten bewacht, aber dieser Gardisten-Schutz hat angesichts der anrollenden Panzerkolonnen kaum mehr als symbolischen Wert. Die entscheidende Auseinandersetzung findet draußen auf den Plätzen und Straßen vor dem „Weißen Haus" statt. Armee contra Bevölkerung — auch viele Abgeordnete des russischen Parlaments verlassen ihr Tagungsgebäude und diskutieren mit den diszipliniert demonstrierenden Moskowitern die Situation. Unter den Demonstranten befindet sich auch Mstislaw Rostropowitsch, der weltberühmte Cellist. Er ist eigens nach Moskau gekommen, um gegen die Putschisten aufzutreten (rechtes Bild).

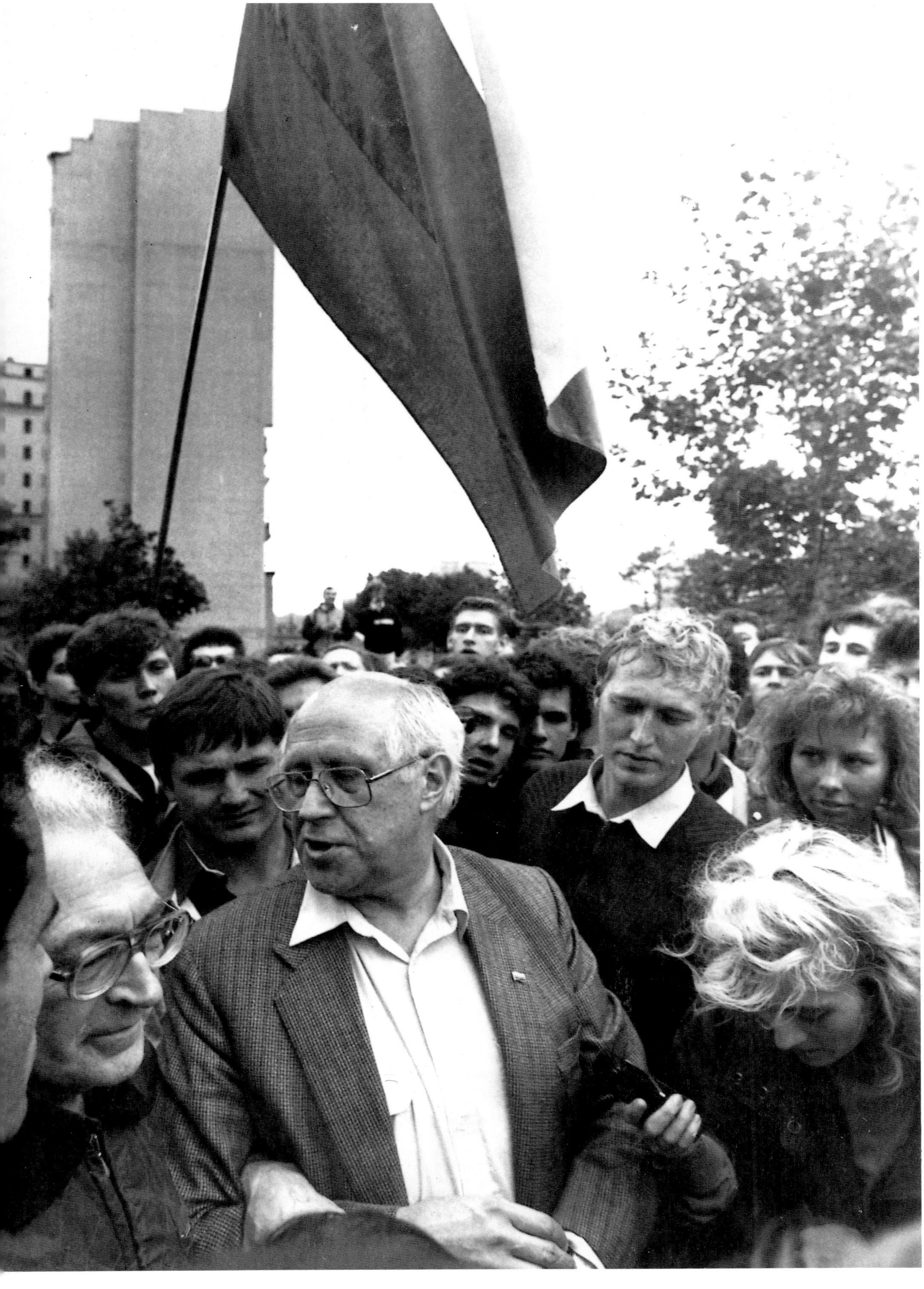

Wie die Panzer in den Barrikaden steckenblieben

Minuten vor der Fahrt in den Tunnel: Eine Kolonne von Schützenpanzern versucht, die Sperren vor der Zufahrt zum „Weißen Haus" wegzuräumen. Doch den Panzern gelingt es nicht, die als Straßensperren plazierten Busse beiseite zu schieben. Demonstranten springen auf die Kettenfahrzeuge und attackieren die Soldaten in den Tanks. Sekunden später wird der Bus Nummer 4238 in Brand gesteckt. Da sie die Barrikaden hier nicht durchbrechen können, versuchen andere Panzerbesatzungen, durch den Tunnel am Gartenring zum „Weißen Haus" zu rollen. Dort kommt es zur Katastrophe.

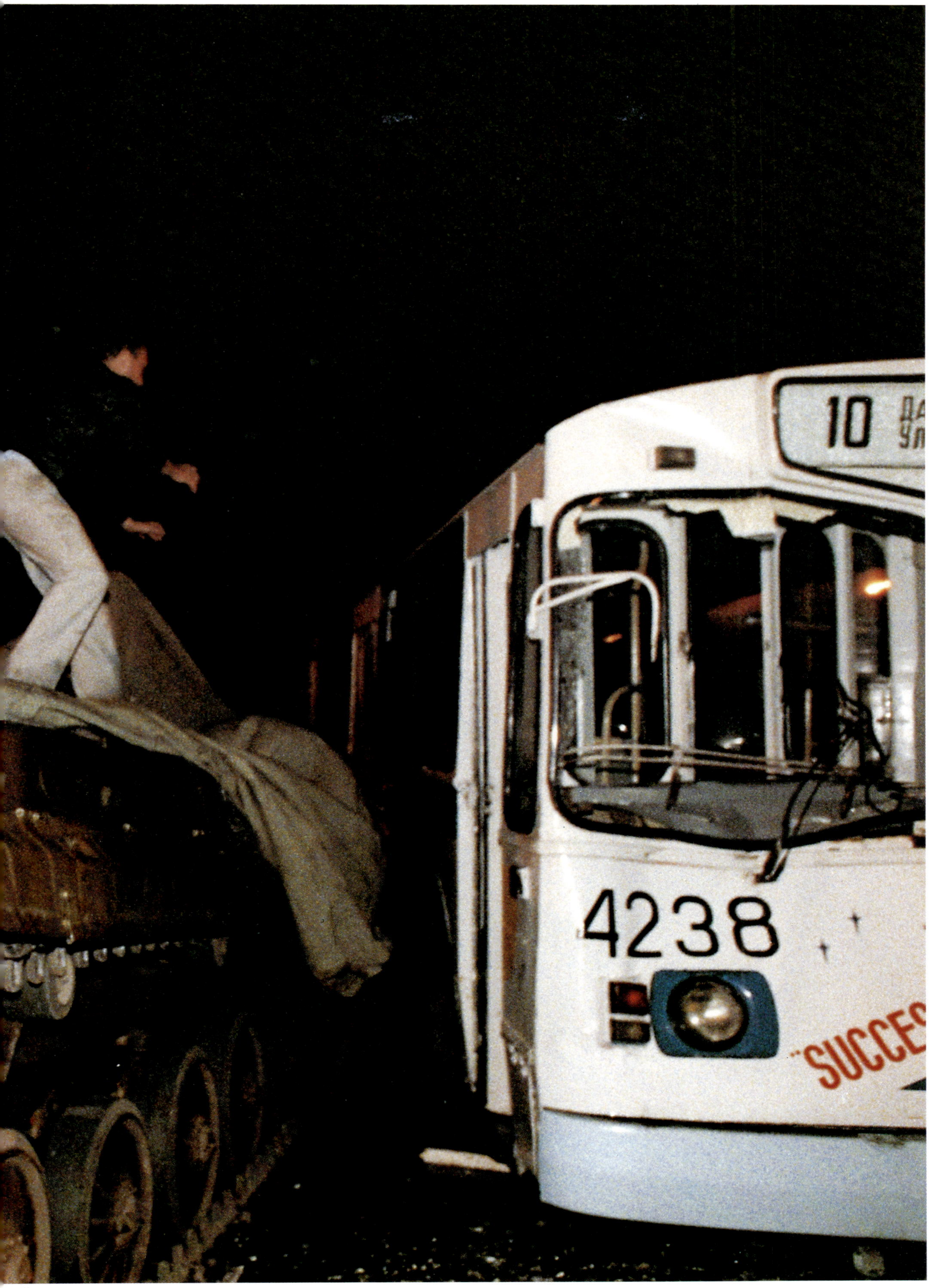
10
4238

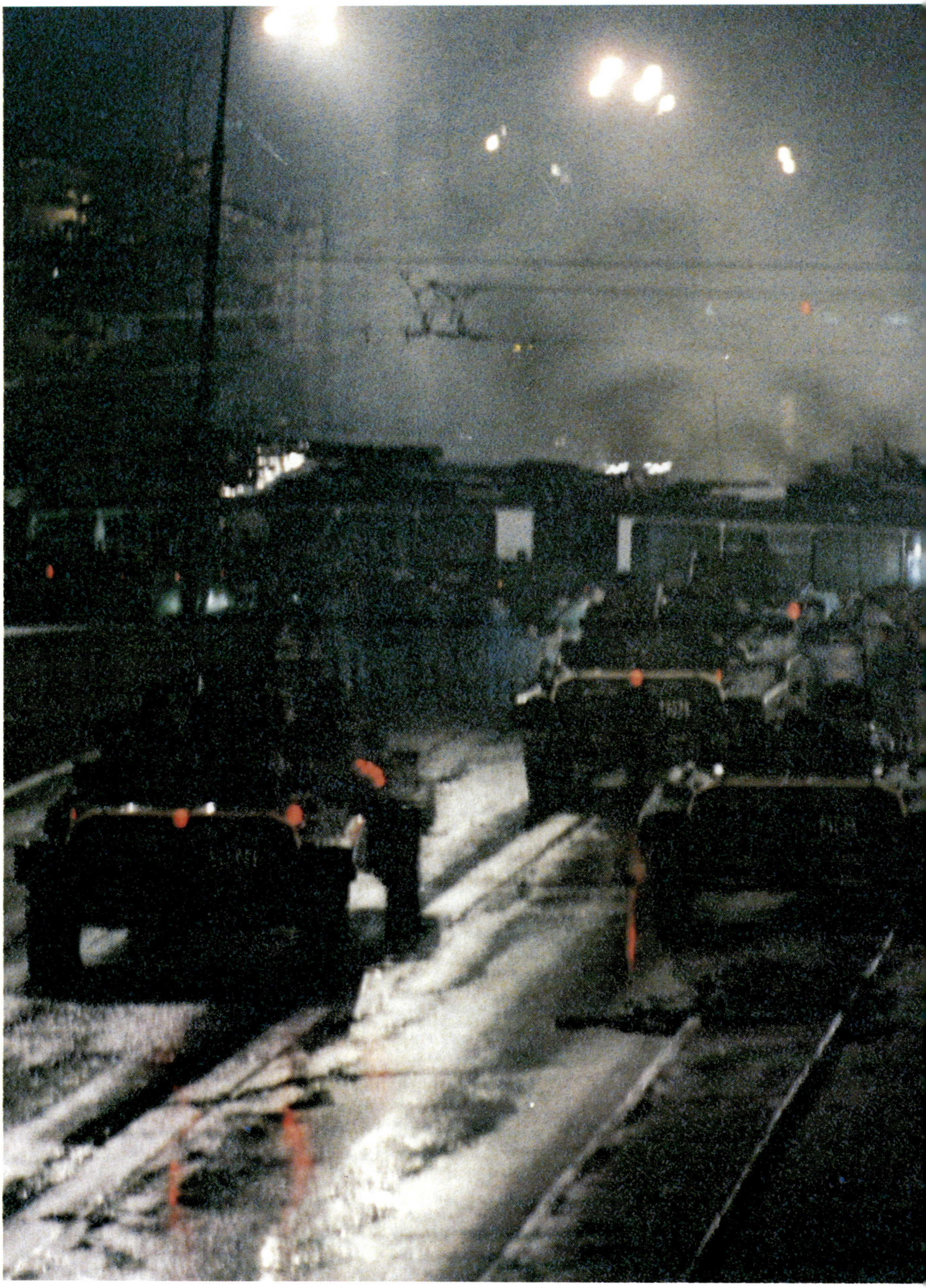

Eine Panzereinheit startet zum Angriff

Der entscheidende Putschtag. Der Stadtkommandant von Moskau, Generaloberst Kalinin, hat am Abend die Zeit zwischen 23 Uhr und 5 Uhr zur Sperrstunde erklärt. Die Menschen, die sich zu Zehntausenden um das „Weiße Haus" versammelt haben, bleiben. Im Parlamentsgebäude selber haben sich 2000 Verteidiger eingefunden, darunter 300 Soldaten. Kurz nach Mitternacht hört man vom Gartenring herüber Motoren- und Kettenlärm. An die zehn Schützenpanzer durchbrechen eine kleinere Barrikade und rollen nicht weit vom „Weißen Haus" entfernt in die Unterführung, die unter dem Kalinin-Prospekt hindurchführt. Erste Schüsse fallen.

Die dramatischen Sekunden im Tunnel am Gartenring

Mittwochmorgen: Kurz nach Mitternacht versuchen Schützenpanzer des Innenministeriums, am Gartenring die Barrikaden wegzuräumen, um dann durch einen Straßentunnel zum „Weißen Haus" zu gelangen. Etwa 800 Meter vom Parlamentsgebäude entfernt hindern junge Demonstranten die Panzerfahrer im Tunnel an der Weiterfahrt. Sie springen auf die Kettenfahrzeuge, verhängen die Sehschlitze mit Wolldecken und zwingen die Panzer zum Stopp. Der Straßentunnel wird für die Soldaten zur Falle, aus der es kein Entrinnen gibt.

49

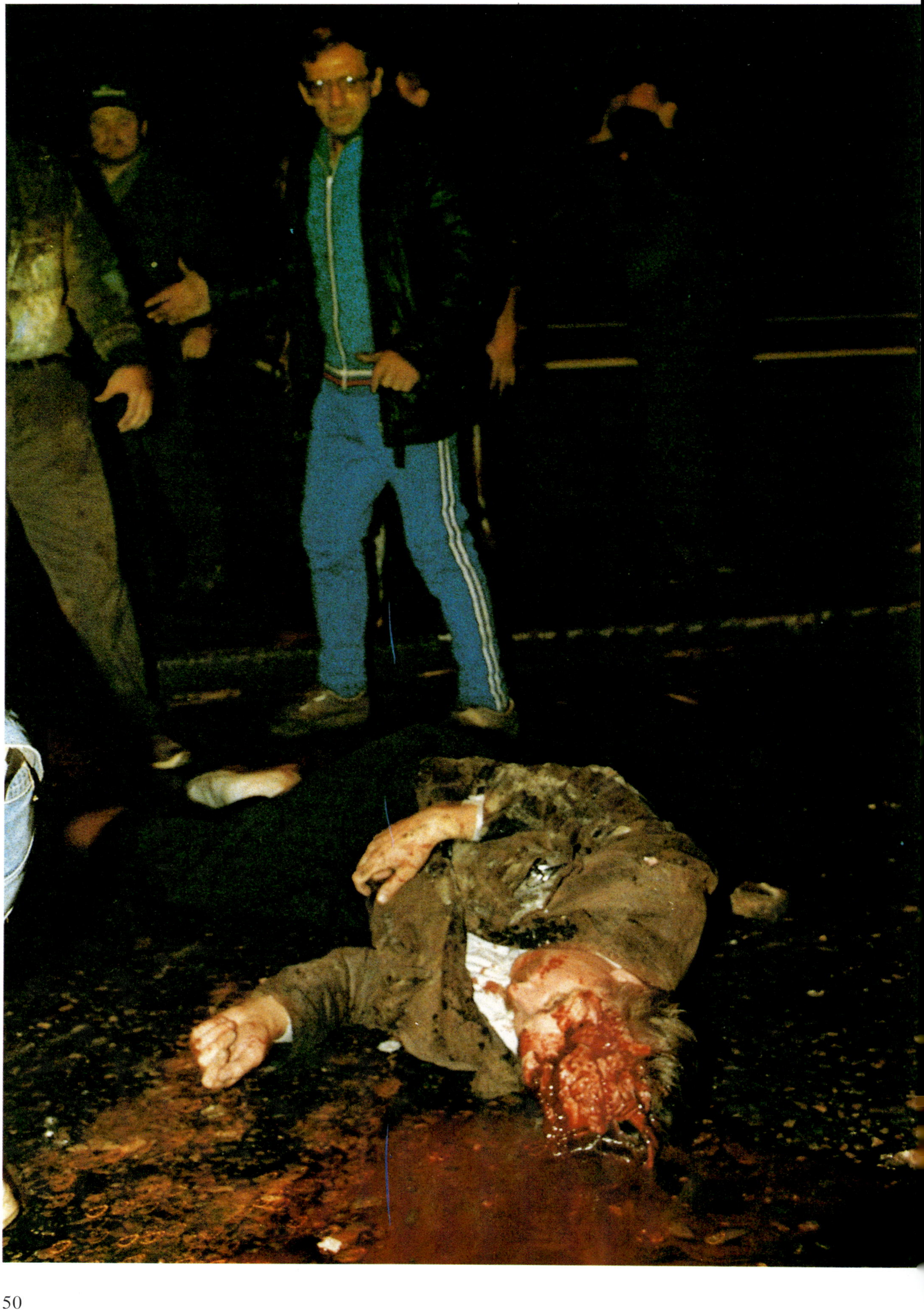

Drei junge Leute bezahlen den Protest mit ihrem Leben

Als sich in der Nacht zum Mittwoch die Schützenpanzer nach ihrem ersten Angriff auf den Verteidigungsring um das „Weiße Haus" wieder zurückzogen, waren drei Verteidiger des russischen Parlamentsgebäudes auf der Strecke geblieben: Einer war auf einen der Panzer gesprungen und dabei umgekommen, zwei andere wurden von den Ketten der schweren Fahrzeuge erfaßt und zerquetscht. Gestorben für Rußland. Drei Tage später formieren sich Tausende zu einem feierlichen Trauermarsch auf dem Kalinin-Prospekt, um der jungen Putschopfer zu gedenken.

Freude über das Ende des Einsatzes

Die dramatischen Augenblicke an der Unterführung Kalininbrücke/Gartenring sind vorüber, die Anspannung löst sich. Nach diesen Ereignissen hat sich der Patriarch von Moskau, Alexej II., um 1.30 Uhr in einem Appell vor allem an Soldaten und Kommandeure gewandt und gegen den Brudermord aufgerufen. Um 4.15 Uhr wird bekannt, daß in Verhandlungen mit dem Chef der Luftlandetruppen das Ende des Einsatzes erreicht wurde. Strahlende Gesichter auch bei den Panzerfahrern, die sich auf die Seite Rußlands geschlagen hatten und bereit waren, für Jelzin zu sterben. Um 17.00 Uhr beginnt der Abzug aller Panzerdivisionen aus Moskau.

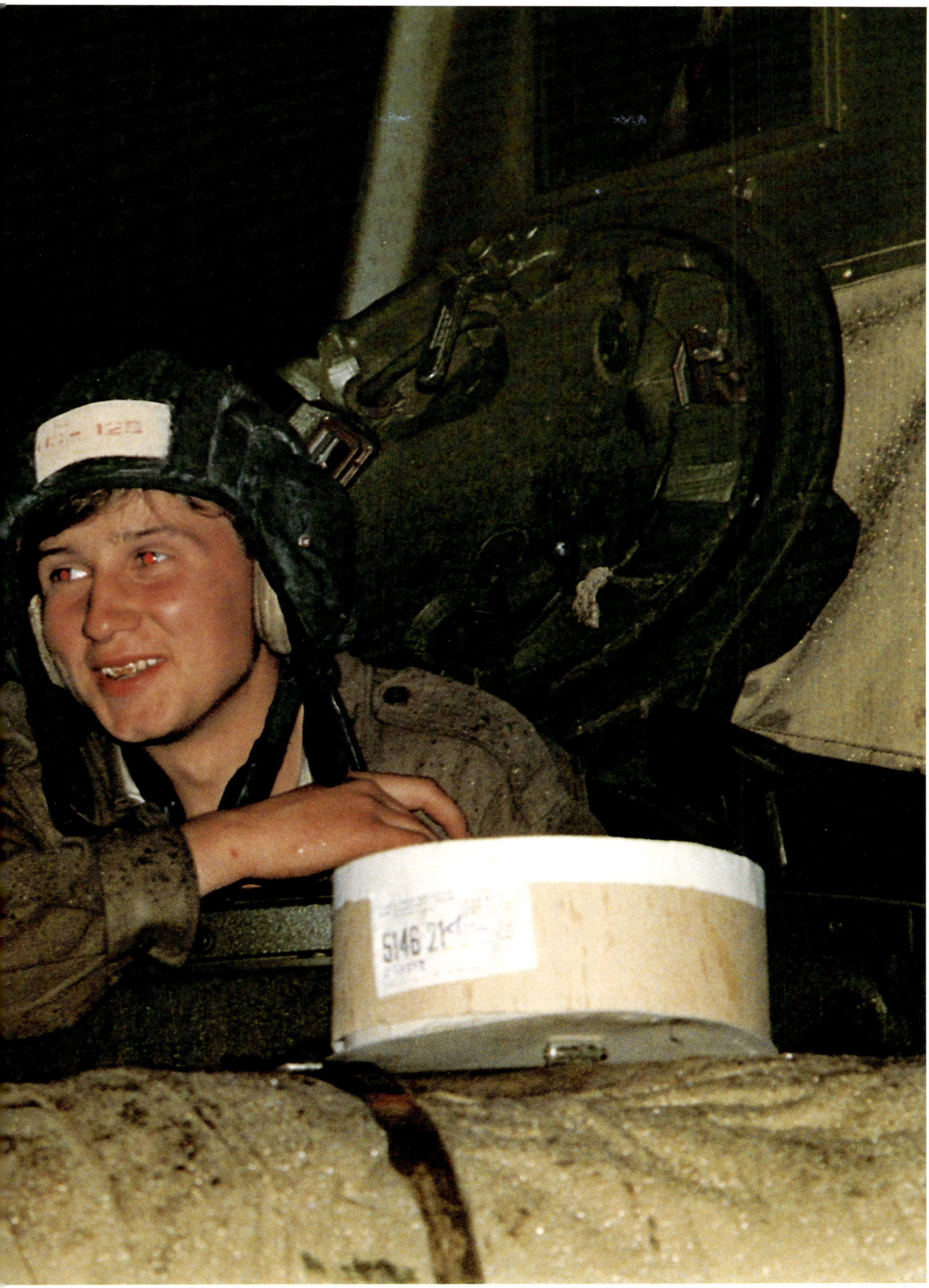
5146 21

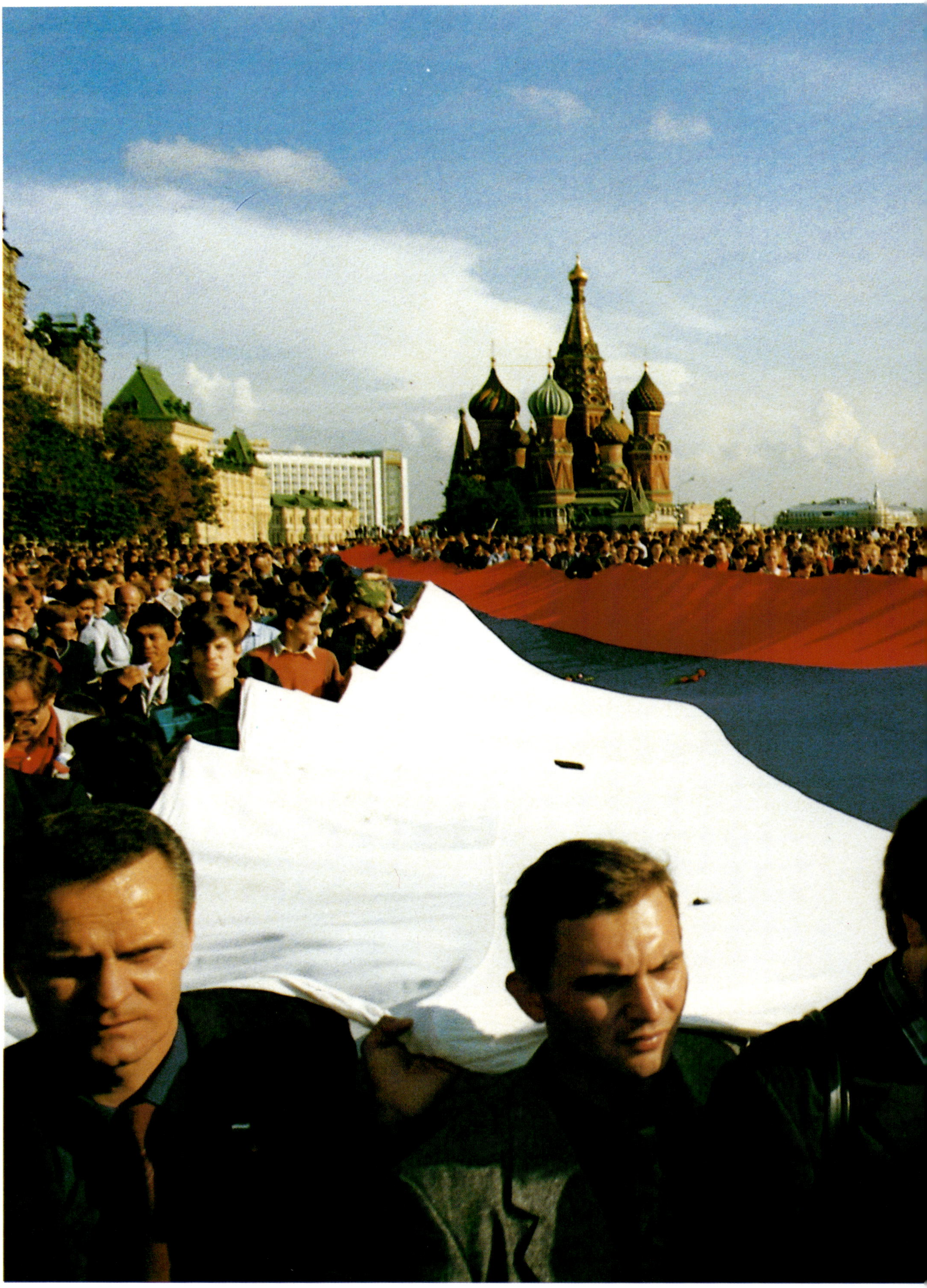

Eine neue Republik besetzt den Roten Platz

Siegerdemonstration der Moskowiter auf dem Roten Platz. Spät am Mittwoch tönt erstmals nach dem Putsch wieder die Stimme von Michail Gorbatschow über die Fernsehsender der UdSSR mit der Feststellung: „Ich habe die Macht wieder!" Gesagt hat er den Kernsatz noch fern auf der Krim, wo er den politischen Kraftakt in der Hauptstadt ahnen, nicht aber verfolgen konnte. Er konnte auch nicht miterleben, wie Zigtausende mit einem völlig neuen Selbstwertgefühl durch die Straßen zogen und wie sie unter der Kremlmauer eine überdimensionierte Fahne ausbreiteten — nicht mit dem Sowjet-Emblem Hammer und Sichel, sondern mit den Farben des alten Rußland.

Die Fahne der Sieger ist weiß-blau-rot

Es ist geschafft, der Putsch ist gescheitert, die Freiheit gewonnen. Es lebe Rußland! Die Anspannung der letzten Tage und Stunden ist der Freude gewichen. Der russische Präsident Boris Jelzin schwingt die russische Trikolore zum Zeichen des Sieges. Er ist der Held dieser Tage, der Retter Rußlands. Seine Unbeugsamkeit hat Schule gemacht. Verständlich, daß die Männer um ihn herum sein Leben mit kugelsicheren Matten schützen wollen, denn nur er kann die neue Freiheit gegen die alten Apparatschiks verteidigen und sichern.

Schewardnadse hatte vor dem Putsch gewarnt

Ein Warner und ein Mann mit Weitblick war Eduard Schewardnadse, Gorbatschows Außenminister und wichtigster Mitstreiter beim Abbau des Kalten Krieges. Der Mann aus Georgien hatte den Putsch vorausgesagt und die Ernsthaftigkeit seiner Befürchtungen schließlich mit seinem Rücktritt vor aller Welt deutlich gemacht. Der Westen horchte auf, denn er verlor mit dem geschickten Diplomaten einen im Laufe der Jahre geradezu liebgewonnenen Gesprächs- und Verhandlungspartner. In der Stunde der Not war auch Schewardnadse im belagerten „Weißen Haus" bei Jelzin. Auch er einer von vielen.

Der Präsident kehrt zurück

Das Putsch-Komitee hatte Michail Gorbatschow, seine Frau Raissa und auch die Enkelin Xenija im Urlaubssitz des Präsidenten am Kap Sarich bei Foros am Schwarzen Meer festgesetzt und isoliert. Von Montag bis Mittwoch war der Präsident der Sowjetunion abserviert und Gefangener jener Männer, die er selber zuvor bei seiner „Sowohl-als-auch-Politik" an die Schaltstellen der Macht geholt hatte. Am Mittwochabend setzt das sowjetische Parlament in einer Sondersitzung Michail Gorbatschow formal wieder als Präsident der Sowjetunion ein. Noch in der Nacht kehrt er mit einer Aeroflotmaschine zurück nach Moskau, wo er um 1.15 Uhr (MEZ) landet. Seine Freiheit verdankt er Boris Jelzin.

59

Freunde, Rivalen, Gegner?

Historischer Händedruck im Moskauer „Weißen Haus": Erste Begegnung zwischen Michail Gorbatschow und Boris Jelzin nach dem Scheitern des Putsches. Die drei dramatischen Tage im August '91 haben ausgereicht, das Kräfteverhältnis der beiden Rivalen umzukehren: Ab sofort ist nicht mehr der Präsident der Sowjetunion der starke Mann in Moskau, sondern Jelzin, der erste, wenige Wochen zuvor vom russischen Parlament gewählte Präsident der Republik Rußland. Er hat den Generalstreik ausgerufen, er hat den Putschisten in den entscheidenden Augenblicken die Stirn geboten. Sieger Jelzin empfängt den eben noch abgesetzten Gorbatschow in seiner Hochburg, dem russischen Parlamentsgebäude.

61

Sieger-demo in Jelzins Stadt

Siegeskundgebung in Moskau — was für ein Tag nach was für einer Nacht: Sie hatte die Wende gebracht, sie hatte die ersten und letzten Todesopfer des Putsches gefordert, sie hatte bewiesen, daß Drohungen und Gewalt nicht immer stärker sind als der Wille und die Entschlossenheit der Menschen. Vor allem die Jungen wollten die Freiheit, die in der Sowjetunion nach Jahrzehnten der Entsagung gerade erst zu blühen begann, nicht schon wieder verlieren. Auch einige junge Panzerfahrer nicht, die den Mut zum Ungehorsam hatten und sich auf die Seite Jelzins schlugen, den Mann der Stunde. Moskau, so konstatierte das US-Magazin „Newsweek", ist nun Jelzins Stadt.

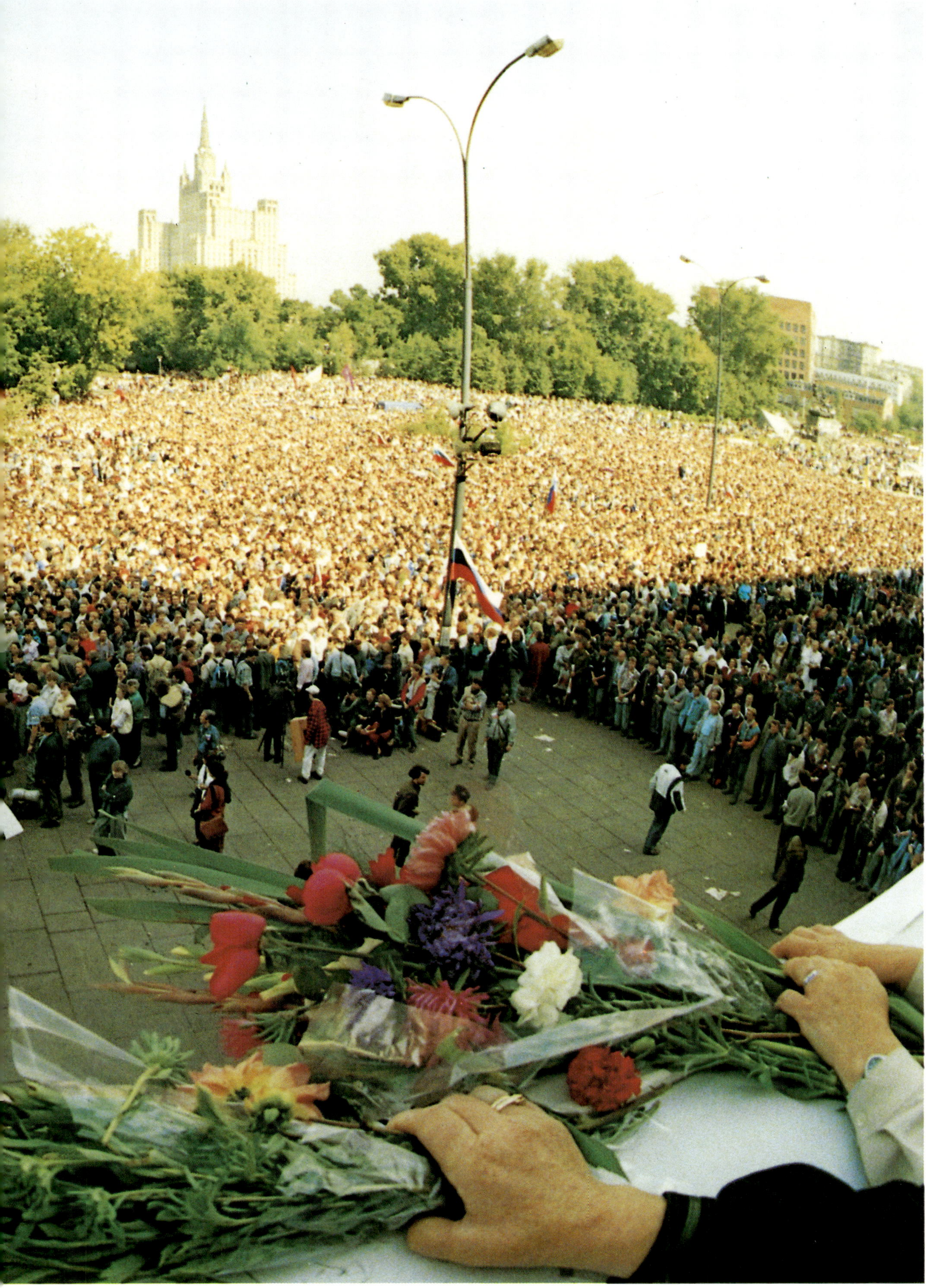

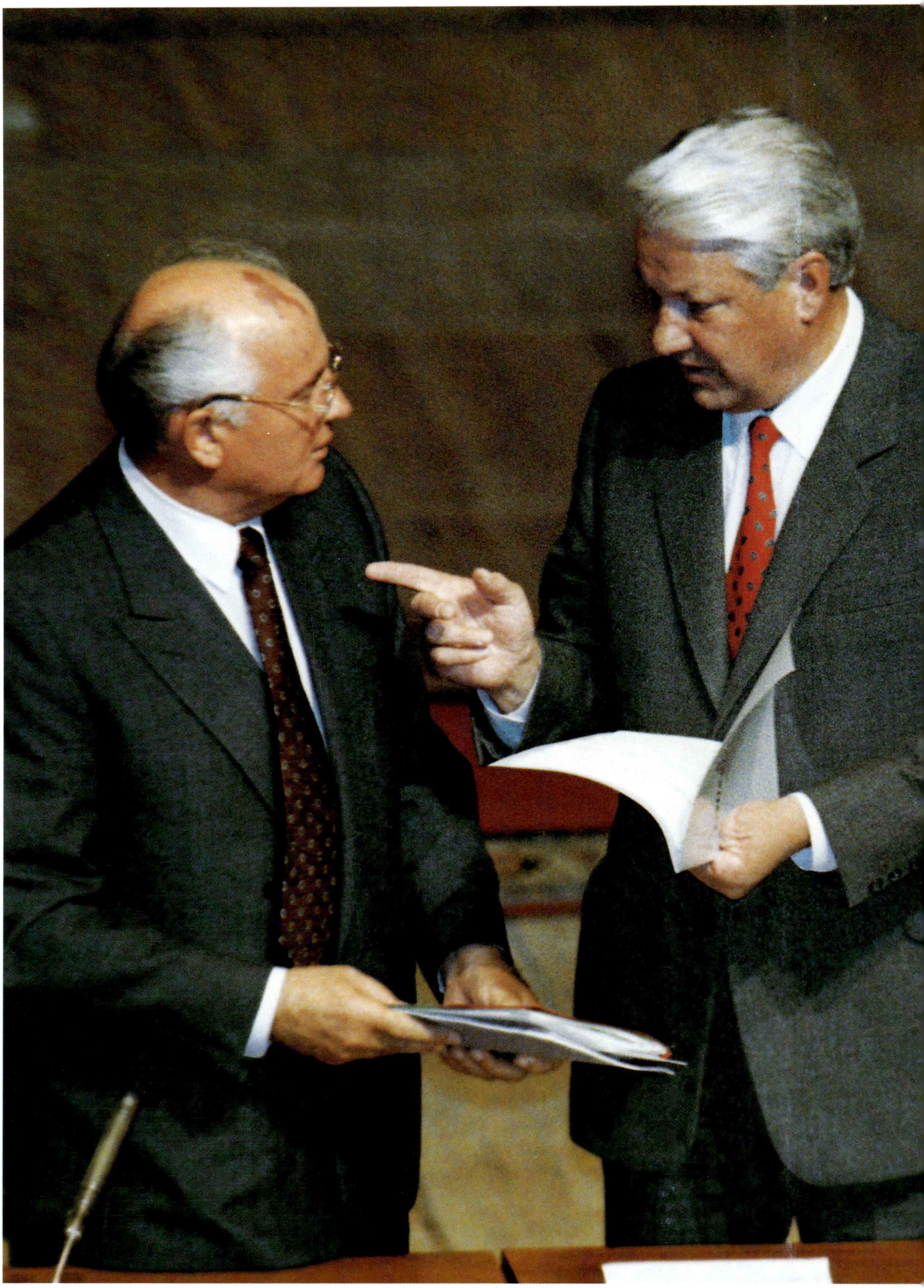

Jelzin demütigt den Herrn des Kreml

Stunde der Demütigung: Der Putsch ist gescheitert, die Gefahr für Glasnost und Perestrojka abgewendet. Doch Michail Gorbatschow, der große Reformer im Kreml, hat noch nicht begriffen, wie sehr nicht einmal hundert Stunden russischer Geschichte sein politisches Schicksal und das der Weltmacht Sowjetunion verändert haben. Erbarmungslos erteilt ihm Boris Jelzin vor russischen Volksvertretern (neben ihm der russische Parlamentspräsident Chasbulatow) eine Lektion: Im Bereich Rußlands habe er, Jelzin, das Kommando über die Streitkräfte übernommen, das Zentralkomitee der KPdSU aufgelöst, die KP ausgeschaltet. Jelzin hat Zeichen gesetzt. Gorbatschow aber mochte sich von der Partei nicht lossagen.

Das Monument des Terrors fällt

Der Versuch der Restauration geriet zur Revolution: Der Putsch hatte die Sowjetunion zurückführen sollen zu den altbewährten Strukturen, doch er bewirkte das Gegenteil. Der erste „Betonkommunist", der auch wirklich kippte, war Felix Dserschinski, der Urvater des „Roten Terrors", der erste Chef der gefürchteten „Tscheka", der politischen Geheimpolizei im bolschewistischen Rußland. Doch der sieben Meter hohe Bonze aus Bronze war sogar für die aufgebrachten Demonstranten eine Nummer zu groß. Erst als ein riesiger Kran (aus der Bundesrepublik) zupackte, gelang es, den Erfinder des „Roten Terrors", die Symbolfigur für Willkürherrschaft, vom Podest vor der Lubjanka zu heben, der verhaßten KGB-Zentrale in Moskau.

67

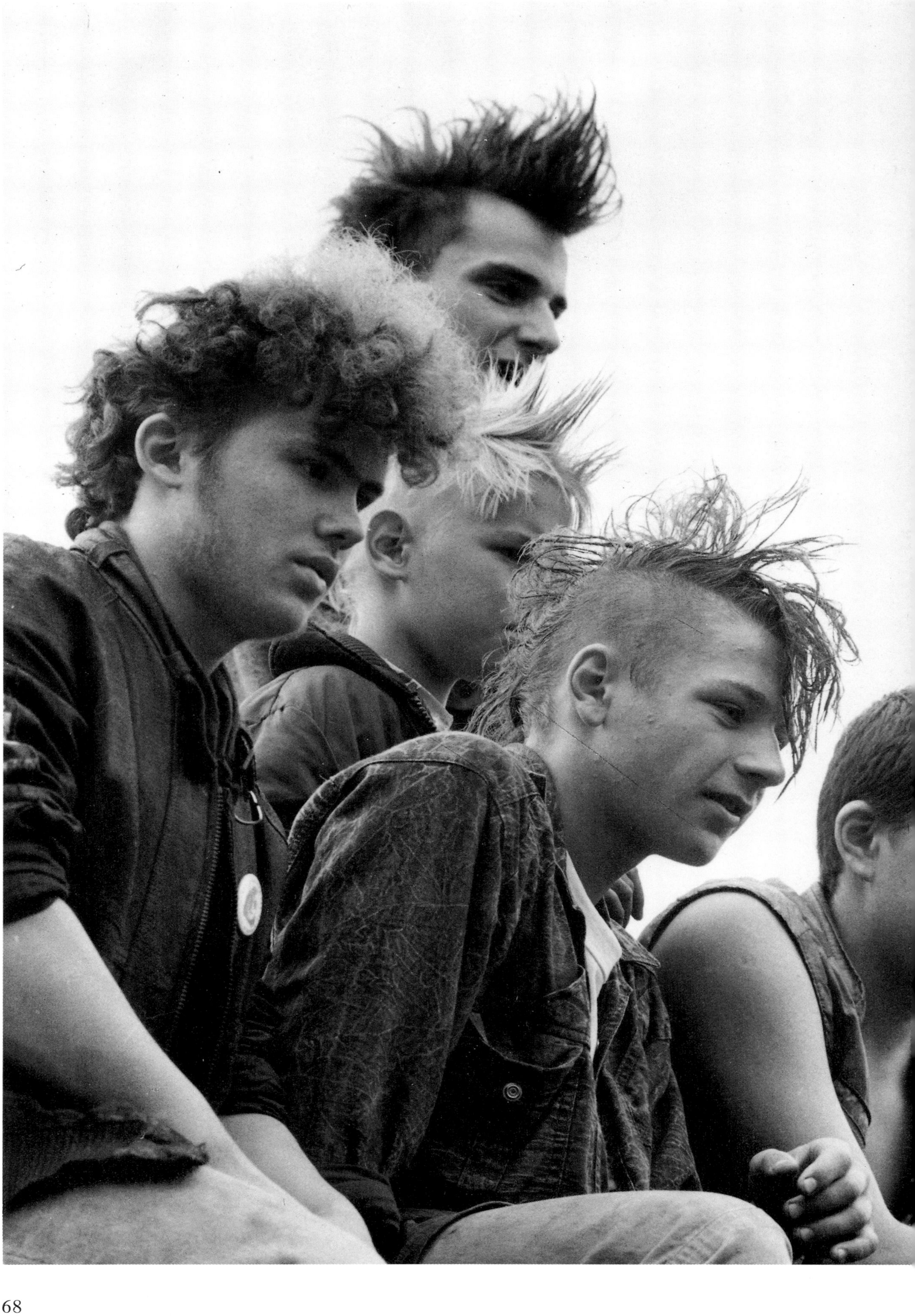

„Sterben wirst du anders, als du denkst"

Zwischen diesen beiden Fotos liegen fünf Tage, die die Weltmacht Sowjetunion verändert haben und damit die Welt. Als die Panzer anrollten, bestaunten diese Moskauer Punker das Muskelspiel der Militärs noch mit gewissem Amüsement. Keiner mochte offenbar glauben, daß dadurch auch die Freiheit, herumzulaufen, wie man will, gefährdet sei. Auf dem Wagankowskoje-Friedhof, wo viele berühmte Landsleute ihre letzte Ruhe fanden, wurden nun auch die drei Putschopfer begraben. Der eine der Sohn eines Admirals, der zweite ein Junge vom Dorf und Afghanistan-Veteran, der dritte selber ehemaliger Panzersoldat, der auch Gedichte schrieb. Eines davon begann: „Sterben wirst du anders, als du denkst..."

70

Ein Staatsakt für die jungen Opfer

Drei Tage nach ihrem Tod werden die Opfer der Panzerattacke in einer Trauerfeier auf dem Manege-Platz geehrt. Viele Tausende sind gekommen, auch Michail Gorbatschow, der Staatspräsident der Sowjetunion. Er spricht den Eltern von Wladimir Usow, 30, Dimitri Komar, 23, und Ilja Kritschewski, 28, sein Beileid aus. „Im Namen des ganzen Volkes", so Gorbatschow in seiner Ansprache, „verneige ich mich tief vor den drei jungen Menschen. Sie haben sich jenen entgegengestellt, die unser Land rückwärts führen wollten, auf einen Weg in die Hölle." Postum ernannte er die drei zu „Helden der Sowjetunion".

Wenn kein Stein auf dem anderen bleibt

Erfolge und Fehler der Perestrojka.
Die Ära Gorbatschow von 1985 bis 1991

Nachbetrachter haben es immer einfach. Mußte nicht jedem klar sein, daß der Sozialismus als Gesellschaftssystem nicht lebensfähig war? Hatte es sich nicht längst erwiesen, daß der Vater des Sozialismus, Karl Marx, mit seinem historischen Determinismus vom unabwendbaren Niedergang und Verfall des Kapitalismus total daneben lag? Und war folglich nicht die Union der Sozialistischen Sowjetrepubliken geradezu unvermeidlich zum Scheitern verurteilt?

Zeitgenossen bleiben derartige „historische Zwangsläufigkeiten" oft verborgen. Sie beugen sich den Zwängen des unmittelbaren Geschehens. Wer in der UdSSR das Ende des Kommunismus vorhersagte und den Triumph der Demokratie erhoffte, galt unter Stalin als Staatsfeind, unter Chruschtschow als Verrückter und unter Breschnew als Verleumder. In jedem Fall wurde er nach Möglichkeit beseitigt — man schickte ihn ins Jenseits, ins Lager oder ins Exil.

Der junge Historiker Andrej Amalrik war ein solcher Unbequemer, der mit unbestechlichem Blick in die Zukunft schaute und sich weder von der Allwissenheit der Kommunistischen Partei noch von der Allmacht des KGB beeindrucken ließ, auch nicht von der westlichen Politik der Entspannung und der Annäherung an das von ihm gehaßte System. 1969 schrieb er in einem politischen Pamphlet, das sich — beinahe marxistisch-dialektisch — auf „logische" Schlußfolgerungen berief, über die Zukunftsaussichten der damals eben ein halbes Jahrhundert real existierenden Sowjetmacht:

„Um an der Macht zu bleiben, muß das Regime sich wandeln und weiterentwickeln, aber wenn es sich selbst erhalten will, muß alles unverändert bleiben. Die sogenannte ‚Wirtschaftsreform' ist im Grunde eine Halbheit und wird in der Praxis von der Parteimaschinerie sabotiert, denn wenn eine solche Reform zu ihrem logischen Schluß fortgeführt würde, bedrohte sie die Macht dieser Maschine. Wenn man die gegenwärtige ‚Liberalisierung' als die zunehmende Altersschwäche des Regimes sieht und nicht als seine Wiederbelebung, dann wäre das logische Ergebnis sein Tod, gefolgt von Anarchie..."

Ziemlich genau diagnostizierte der damals 31jährige Dissident die Krankheiten seines Landes: eine „immobile Kastengesellschaft", ein „starres Regierungssystem", das den Erfordernissen der wirtschaftlichen Entwicklung längst nicht mehr gerecht wurde, eine „allgemeine Bürokratisierung", wobei die Bürokraten eine „privilegierte Klasse" bildeten, und „nationale Feindseligkeiten" in einem vorgeblich multinationalen Staat, in dem ein Volk — die Russen — „gleicher" war als alle einhundert anderen. An einen „friedlichen Umbau" — hier benutzte Amalrik das russische Wort *perestrojka* — wollte der Ketzer nicht glauben, auch nicht an eine läuternde Selbsterkenntnis des fehlgesteuerten Regimes, denn: „Jedes totalitäre System verfault, ohne es selbst zu merken."

Die Sowjetunion schaffte es mit Müh und Not über das durch George Orwells antikommunistische Utopie eher zufällig ausgewählte Jahr 1984 hinweg. Ihr Zustand jedoch war so erbärmlich wie der ihres letzten Staats- und Parteichefs aus der alten Generation geistig erstarrter Apparatschiks, Konstantin Tschernenko, der nach nur 13 Monaten an der Macht im März 1985 an der Kremlmauer zu Grabe getragen wurde. Es war Tschernenkos Mentor Leonid Breschnew gewesen, der als Generalsekretär der KPdSU von 1964 bis zu seinem Tode 1982 jede Chance für eine „Wiederbelebung" des Regimes verspielt hatte. Seine Herrschaft wurde später nur als „Ära der Stagnation" abgetan, obwohl die Sowjetunion militärisch stärker denn je war — eine Supermacht wie ein Dinosaurier, vom Untergang bedroht. Zwischen Breschnew und Tschernenko versuchte sich kurzlebig der ehemalige KGB-Chef Jurij Andropow an einer zaghaften Reform, die verpuffte wie ein Tropfen auf dem heißen Stein.

Breschnews Erbe lastete drückend auf dem Land und seinen Menschen. Der propagandistische Anspruch, zwischen Brest und Wladiwostok eine bessere Gesellschaftsordnung zu errichten, einen Staat der Gleichheit und Gerechtigkeit, ja sogar einen „neuen Sowjetmenschen" zu schaffen, gab nur noch Anlaß zu bitteren Witzen. Breschnew, der sich selbst mit über 200 Orden dekorierte, hinterließ ein zunehmend erstarrtes administratives Kommandosystem, eine selbstzufriedene und korrupte herrschende Klasse von Parteifunktionären, Planbürokraten und Militärs der sogenannten „Nomenklatura", eine stagnierende Wirtschaft, durch verschwenderische Subventionen genährt und von ausländischen Getreideeinfuhren abhängig, eine gefährlich aufgeblähte Rüstungsindustrie.

Wie schlecht es den Sowjetbürgern im Vergleich zu Amerikanern ging, legte Anfang 1985 der US-Diplomat Richard Schifter bei einer internationalen Menschenrechtskonferenz in Ottawa dar — in Entgegnung auf sowjetische Kritik am „sozialen Elend" in den USA. Schifter zählte auf, daß die Lebenserwartung für männliche Bürger der UdSSR in 20 Jahren um vier Jahre gesunken war — auf durchschnittlich 63 Jahre —, während sie in den USA um fünf Jahre angestiegen sei. Der sowjetische Lebensstandard lag auf dem Niveau eines Drittels des amerikanischen, wobei der Privatverbrauch seit zehn Jahren nicht zugenommen hatte und Versorgungsengpässe bei fast allem, von den Russen „Defizite" genannt, den Alltag bestimmten. Während der Durchschnittsamerikaner auf 49 Quadratmeter Wohnraum lebte, waren es für den sowjetischen Normalverbraucher nur 14. Selbst nach (vermutlich geschönten) amtlichen sowjetischen Statistiken waren die Wohnverhältnisse in den Städten erbärmlich: 32 Prozent aller Wohnungen ohne Warmwasser, 23 Prozent ohne Gas, 19 Prozent ohne Bad, zwölf Prozent ohne Heizsystem. Bei der Kindersterblichkeit (57 Tode auf je 1000 Lebendgeburten) rangierte die UdSSR gleichauf mit Entwicklungsländern wie Mexiko, Ägypten und den Philippinen.

Alle diese Krisensymptome führten indes weder bei Herrschenden noch Beherrschten zu einer allgemeinen Aufbruchstimmung. Unter fast sieben Jahrzehnten Sozialismus, durch Kriege, Staatsterror und Not geprägt, hatten sich die meisten Sowjetbürger mit den bescheidenen Errungenschaften des Systems — sichere und anspruchslose Arbeitsplätze, billige Wohnungen und Transportkosten, subventionierte und feste Warenpreise, kostenloses Bildungs- und Gesundheitssystem — abgefunden. „Das System ist zwar schlecht, aber es ist unseres", scherzte man in ironischer Anspielung auf den pompösen Nationalstolz der staatlichen Propaganda.

Aber es gab eine neue Schicht von Sowjetführern, die darüber nicht mehr lachen konnten und die auch die Vergleiche mit dem Westen nicht mehr als Propaganda abtaten. Ihnen war zunehmend klarer geworden, daß die UdSSR nur so lange eine Supermacht bleiben konnte, wie sie mit dem Westen Schritt hielt — nicht nur in der Rüstungsindustrie, sondern auch in der Entwicklung einer modernen Gesellschaft engagierter und mitdenkender Bürger. Der amerikanische Ostexperte Zbigniew Brzezinski nannte 1983 die UdSSR „eindimensional": „Die Sowjetunion ist eine Weltmacht nur in der militärischen Dimension." Das genügte nun nicht mehr, zumal die Aufrechterhaltung der Militärmacht und das Wettrüsten mit der Supermacht USA ungeheure Ressourcen verschlangen: Die Verteidigungsausgaben der UdSSR wurden von westlichen Fachleuten auf bis zu 20 Prozent des Bruttosozialprodukts geschätzt (USA: 6,5 Prozent), 70 Prozent der Industrie und 80 Prozent der Forschung arbeiteten direkt oder indirekt für die immer höher geschraubten Bedürfnisse des Militärs. Es waren hinausgeworfene Rubel, denn die Streitkräfte produzierten nichts, noch nicht einmal mehr Sicherheit.

Die Welt zu Beginn des Jahres 1985 war ein düsterer Ort, aber das war die Ausgangslage für den Mann, der binnen fünf Jahren den größten weltpolitischen Wandel seit dem Ende des Zweiten Weltkriegs herbeiführen sollte: Michail Sergejewitsch Gorbatschow.

II

Im Dezember 1984 spazierten zwei Männer, tief in Gedanken versunken, am Strand des Schwarzen Meeres in dem georgischen Seebad Pitsunda. Der eine, schlank und weißhaarig, war der ehemalige Parteichef Georgiens, Eduard Schewardnadse; der andere, leicht untersetzt und mit einem markanten Geburtsmal auf der Stirn, hieß Michail Gorbatschow und leitete einst das angrenzende russische Gebiet Stawropol. Beide waren Männer des Apparats und der Nomenklatura, aufgestiegen in der Hierarchie der KPdSU bis zum Politbüro, dem mächtigsten Entscheidungsorgan. Gemessen an der alten Garde des Politbüros waren Vollmitglied Gorbatschow und Kandidat Schewardnadse, 53 und 56 Jahre alt, noch Junioren. Doch ihre relative Jugend bewahrte sie vor der Blindheit des sklerotischen Systems, das „verfault, ohne es zu merken".

Genau mit dieser Erkenntnis begann Schewardnadse die Diskussion am Strand: „Alles ist verfault." Gorbatschow stimmte zu, und die beiden Männer diskutierten, wie der Prozeß der Verrottung aufzuhalten sei. Erst Jahre später berichtete Gorbatschow, inzwischen Generalsekretär der KPdSU und einziger Präsident der Sowjetunion, über ihre gemeinsame Schlußfolgerung, „daß es unmöglich ist, so zu leben". Wie also könnte das Land leben — und überleben? „Ein Konzept erschien für das Land und für die Welt", berichtete Gorbatschow in seinem typischen hochgestochenen Stil. „Für interne Probleme nennen wir es *Perestrojka*. Und wir stellten eine simple Formel auf: mehr Demokratie, mehr *Glasnost*, mehr Humanität. Im Kern muß sich alles so entwickeln, daß der einzelne in dieser Gesellschaft sich wie ein menschliches Wesen empfindet. Da haben wir es — eine einfache Lebensregel."

„Perestrojka" heißt „Umbau, Rekonstruktion", und genau das sollte es nach dem Willen Gorbatschows werden, keineswegs der Abschied vom Traumziel des Kommunismus, sondern „eine Vervollkommnung des sowjetischen politischen Systems und eine Weiterentwicklung der sozialistischen Demokratie". Oder, wie Gorbatschow an anderer Stelle sagte: „Wir sollten maximalen Gebrauch vom demokratischen Wesen des Sozialismus machen." Dazu gehörte für ihn „Glasnost", was „Offenheit" und „Transparenz" bedeutet, „umfassende, zeitgerechte und offene Information", furchtlose Kritik und fruchtbarer Meinungsaustausch, genau das Gegenteil der alles durchdringenden Selbstbeweihräucherung und der frisierten Planerfüllungsstatistiken. Keinerlei Reform wäre möglich, wenn man nicht versuchte, die Dinge so zu sehen, wie sie waren.

Viele Menschen, die von Kindesbeinen mit den

Heilslehren Lenins geimpft wurden und nie Zugang zu unverfälschter Information gehabt hatten, waren zu diesem „Neuen Politischen Denken" unfähig. Und Gorbatschow selbst? Im Gegensatz zum Eindruck vieler seiner westlichen Bewunderer hat Gorbatschow nie einen Hehl daraus gemacht, daß er „ein überzeugter Kommunist" war und blieb und daran glaubte, daß die Ideen des Karl Marx noch zu retten waren. Damit war er letztlich doch blind für den Erzmangel dieser Ideologie, die Negierung des ursprünglichen individuellen Freiheitsdranges im Menschen. Lag hier die Wurzel seines Versagens? Auf jeden Fall ging er energisch daran, das System von den erdrückenden Bürden der Vergangenheit zu befreien.

Am 11. März 1985 um 14 Uhr wurde Tschernenkos Tod bekanntgegeben. Eine halbe Stunde später hieß es, Gorbatschow leite die Beisetzungskommission. Um 16 Uhr schließlich gab Radio Moskau bekannt, daß Gorbatschow vom Zentralkomitee „einmütig" zum neuen Generalsekretär der KPdSU gewählt worden sei — „einmütig", nicht „einstimmig". Die Apparatschiks, die ihn auf den Thron hoben, ahnten vielleicht schon, daß sie auf volles Risiko gesetzt hatten. Keines der unter Breschnew ernannten Politbüromitglieder überlebte politisch den „jungen Mann" aus Stawropol, auch nicht sein Förderer Andrej Gromyko, den Schewardnadse als Dauer-Außenminister der Sowjetunion ablöste. Eine Säuberung im Apparat war die Voraussetzung für jeden Reformansatz, und Gorbatschow räumte unter Gebietsparteichefs, ZK-Sekretären und Ministern gründlich auf.

Der neue Ton, der neue Mann kamen bei der Bevölkerung an. Gorbatschow reiste durch die Provinzen, um für seine Ideen zu werben und an Ort und Stelle nach dem Rechten zu sehen. Seine ersten Auftritte, vom Fernsehen in alle sowjetischen Wohnzimmer übertragen, glichen Triumphzügen; seine Reden und Straßengespräche gingen oft im Beifall unter. Eine jüngere Generation von Technokraten und Ingenieuren, vor allem aber Intellektuelle und Künstler adoptierten Gorbatschows Ideen und machten sich zu Vorkämpfern von Glasnost und Perestrojka. Ein großer Teil der Arbeiterschaft hingegen blieb skeptisch und abwartend. Es interessierte sie wenig, daß die Parteizeitung „Prawda" jetzt wirklich die Wahrheit schrieb, daß man die Gedichte von Anna Achmatowa nach Jahrzehnten endlich druckte oder die Nachrichtensendung „Wremja" plötzlich sogar Unglücke und Verbrechen im eigenen Land meldete. Es interessierte sie vor allem, ob sich ihre Lebensumstände verbesserten. Und die verbesserten sich nicht. „Unter Gorbatschow bewegt sich nur eins — sein Mund", wurde gemeckert, und: „Glasnost kann man nicht essen."

Zu trinken gab es bald auch nicht mehr genug. Als erste spürbare Handlung leitete Gorbatschow einen kompromißlosen Kampf gegen den Alkoholismus ein, die „Geißel des russischen Volkes". Es war ein Teil seiner Kampagne zur Effizienzsteigerung in der Produktion — und wurde zum ersten großen Fehlschlag. Zwar machte der Staat Wodka und Wein durch höhere Preise und niedrigeren Ausstoß rar, doch sorgte er in keiner Weise für soziale Beratung oder sinnvolle Freizeitgestaltung. Den Alkoholismus besiegte der sprudeltrinkende Generalsekretär nicht, der bald als „Mineralsekretär" verspottet wurde, aber Nüchternheitsfanatiker vernichteten ein Viertel aller Weinberge im sonnigen Süden des Sowjetimperiums, in Georgien, Armenien und Moldawien.

Auch wenn sie anfangs mit Skepsis betrachtet wurde, brachte Glasnost die deutlichsten Veränderungen im politischen Leben. Westliche Besucher und Korrespondenten in Moskau erlebten, wie das Geistesleben aus jahrzehntelangem Permafrost auftaute, wie Kritiker des Regimes rehabilitiert und wie allerorten alte Tabus gebrochen wurden.

Wie von Orwell bedrückend eindrucksvoll beschrieben, hatte das stalinistische System den Versuch unternommen, die Geschichte nach ihrem Gutdünken umzuschreiben. Das galt sogar in den Beziehungen zu anderen Staaten: So verleugnete die Sowjetunion stets die Existenz der geheimen Absprachen im Hitler-Stalin-Pakt von 1939, mit denen sich Nationalsozialismus und Kommunismus auf Imperialistenmanier ihre „Interessenzonen" in Osteuropa aufteilten und die Unabhängigkeit der drei baltischen Staaten Litauen, Lettland und Estland dem Untergang geweiht wurde. So verheimlichten die Machthaber vor ihrem eigenen Volk den größten Völkermord des Jahrhunderts, begangen an eben diesem eigenen Volk: Stalins Ausrottung von vermeintlichen Staatsfeinden, von alten Genossen bis erfolgreichen Bauern („Kulaken"), in einem das gesamte Riesenland überziehenden Netz von Lagern, das der Schriftsteller Alexander Solschenizyn den „Archipel GULAG" nannte, kostete bis zu 50 Millionen Menschen das Leben, unzählige weitere Gesundheit und Menschenwürde. Diese Zahl errechnete der Historiker Igor Bestuschew-Lada. Das wahre Ausmaß dieser Leidensgeschichte wird möglicherweise nie zu ermitteln sein.

Es schmerzte, als die Propagandalügen der Gegenwart platzten, etwa die Behauptung, es gebe weder Arme noch Obdachlose, obwohl nach amtlichen — aber bis dahin geheimgehaltenen — Statistiken über 40 Millionen Menschen unterhalb der Armutsgrenze lebten. Betroffen waren vor allem die Alten, die scheinheilig geehrten Veteranen des Krieges und der Arbeit. Nicht minder peinlich mußte die Information wirken, daß die UdSSR eine der größten Gefangenenpopulationen der Welt hatte, 35 Millionen in den 30 Jahren nach Stalin. 1990 waren immer noch 770 000 Menschen inhaftiert, zehnmal so viele wie in den USA. Fast täglich strömten neue schockierende Nachrichten in das Bewußtsein der Sowjetmenschen: Sinnlose Vergeudung bei der Ernte, wo regelmäßig bis zu 40 Prozent des Getreides und der Kartoffeln verlorengingen; maßlose Korruption und Selbstbereicherung unter der herrschenden Klasse, etwa in Usbekistan, wo die Führung der Sowjetrepublik durch Betrug bei der Abrechnung der Baumwollernte über vier Milliarden Rubel unterschlug; rücksichtslose Brutalitäten gegen Rekruten und Soldaten der Streitkräfte, die von 1986 bis 1990 zu 20 000 Todesfällen führten — mehr als im Afghanistan-Krieg.

All diese Hiobsbotschaften nährten eine Einstellung zu Staat und Partei, die letztlich zum Ende des Kommunismus beitrug. Wer wollte noch ein System verteidigen, das solcher Verbrechen und Versäumnisse schuldig war? Wer konnte noch daran glauben, daß die Greueltaten, die im Namen der Partei begangen worden waren, die Ausnahme sein sollten — und Gorbatschows neuer Kurs die Regel? So wichtig die Befreiung von der Lüge für die Entwicklung der Gesellschaft war, so sehr arbeitete sie schließlich gegen die UdSSR, gegen die KPdSU, gegen Gorbatschow. Selbst in der Zeit von Glasnost gab es Ereignisse, die der Führung einfach zu schlimm erschienen, um in vollem Umfang öffentlich dargelegt zu werden. Das wichtigste war die Nuklearkatastrophe von Tschernobyl. Als am 26. April 1986 der Reaktorblock 4 im Lenin-Kernkraftwerk nördlich von Kiew explodierte, schwiegen die Behörden und vertuschten das Ausmaß der Havarie. Die radioaktiven Wolken, die sich über halb Europa ausbreiteten, sprachen ihre eigene Sprache; die Menschen in der Ukraine reagierten mit Furcht und Flucht, doch Gorbatschow meldete sich erst am 14. Mai zu Wort: „Ein großes Leid hat unser Land getroffen..." Das Unglück wurde zurückgeführt auf unverantwortlich leichtsinnige Experimente beim Herunterfahren des Reaktors, die aber nur das letzte Glied in einer Kette von Pannen und Versäumnissen bildeten. Die langfristigen Folgen von Tschernobyl blieben unter dem Schleier des Schweigens. Bis zuletzt beharrten sowjetische Behörden, es habe nur 32 Tote gegeben, während Umweltschützer wie der ukrainische Parlamentsabgeordnete Wladimir Schowkoschytny 1991 die Zahl „konservativ" auf 7000 bis 10 000 Todesopfer schätzten. Mit gefährlich überhöhter Strahlung kamen bis zu eine Million Menschen in Berührung, darunter 150 000 zu spät Evakuierte und 600 000 „Liquidatoren", die über drei Jahre oft wochenlang in der „verbotenen Zone" von Tschernobyl gearbeitet hatten.

Die offenkundige Verharmlosung der Nuklearkatastrophe heizte ein anderes Phänomen an, das Gorbatschow in seiner Bedeutung unterschätzte, bis es zu spät war: den Nationalismus. Tschernobyl ermutigte viele Ukrainer und ebenso Weißrussen in den betroffenen Grenzregionen, wieder ihre eigenen Interessen vor die des Gesamtstaates Sowjetunion zu stellen. Die Interessen des Gesamtstaates aber bedeuteten trotz aller Propaganda vom „Brüderbund der Sowjetvölker" und trotz massiver Investitionen Moskaus in Gebieten wie dem unterentwickelten Zentralasien die Interessen der tonangebenden Russen. Auch Gorbatschow selbst verstand sich als Großrusse, dem die slawischen Völker der UdSSR — Russen, Weißrussen und Ukrainer — als solider Kern des multinationalen Staates erschienen. Um so verheerender wirkte sich der Loyalitätsverlust gerade bei diesen Völkern aus.

Noch 1982 hatte Parteichef Andropow, der als früherer Chef des Geheimdienstes KGB die Lage durchaus kennen mußte, vollmundig erklärt: „Die Nationalitätenfrage ist in der Form, in der sie uns vom Ausbeutersystem hinterlassen wurde, erfolgreich, endgültig und unwiderruflich gelöst." Es war eine glatte Lüge, und sie sollte schon innerhalb weniger Jahre gründlich widerlegt werden. Im nachhinein muß es erstaunen, daß Gorbatschow, der aus seiner Tätigkeit als Gebietssekretär im multinationalen kraj Stawropol die Vielvölkerproblematik kennen mußte, ihr Aufkeimen so klar ignorierte und ihre langfristigen Auswirkungen so gründlich unterschätzte. Hier beging er einen seiner verhängnisvollsten Fehler, denn ohne den Zusammenhalt der Nationen konnte die Sowjetunion nicht bestehen.

Ab Ende 1986 begann der Spaltpilz zu arbeiten: In Alma-Ata kam es zu blutigen Unruhen, weil Kasachen gegen die Absetzung des einheimischen Parteisekretärs und Breschnew-Spezis Dinmuhamed Kunajew protestierten. Im Mai 1987 demonstrierten erstmals russische Nationalisten der sogenannten Pamjat-Bewegung. Ab Anfang 1988 stritten sich christliche Armenier und islamische Aserbaidschaner um die auf aserbaidschanischem Gebiet gelegene Armenier-Enklave Berg-Karabach. Ein Pogrom an Armeniern in der Stadt Sumgait am 28. Februar führte zu gegenseitigen Repressalien und Flüchtlingsströmen. Im Baltikum wuchs eine neue Bewegung für die Wiederherstellung der Unabhängigkeit von Moskau heran, zunächst in Estland, dann mit dem Schwung der Massenorganisation Sajudis verstärkt in Litauen. Während an der Ostsee zunächst alle Demonstrationen friedlich verliefen, floß in anderen Teilen des Sowjetreichs das Blut: Am 9. April 1989 richteten Truppen in der georgischen Hauptstadt Tiflis ein Massaker an, am 20. Januar 1990 in der aserbaidschanischen Hauptstadt Baku. In den Folgemonaten kam es zu schweren Zusammenstößen, oft pogromartig, zwischen verschiedenen Nationalitäten in Usbekistan, Tadschikistan und Kirgisien. Hunderte wurden getötet. In der kleinen Autonomen Republik Tuwa an der mongolischen Grenze machten Nationalisten Menschenjagd auf Russen: 88 wurden im ersten Halbjahr 1990 ermordet. Schließlich sorgten Anfang 1991 reaktionäre sowjetische Militärs auch in Wilna und Riga für Massaker. In allen Fällen konnte sich Gorbatschow nicht zum Durchgreifen entschließen, weder gegen nationalistische Fanatiker noch gegen wildgewordene Kommandotruppen. Der russische Historiker Alexej Kiwa erklärte sich die Zurückhaltung des ersten Mannes mit kühlem und klugem Kalkül im Interesse der Gesamtpolitik: „Wenn die Perestrojka fehlschlägt, wird der Verlust an Menschenleben nicht in Dutzenden oder Hunderten, sondern in Hunderttausenden und möglicherweise Millionen gezählt werden." Aber zugleich trug diese Haltung zur Entfremdung der Völker von Moskau bei und damit zur Aushöhlung der Sowjetunion.

Am 11. März 1990 erklärte Litauen als erste Sowjetrepublik ungeachtet zornig angedrohter Vergeltungsmaßnahmen Moskaus seine Unabhängigkeit von der UdSSR. Andere warteten nur noch auf den geeigneten Moment.

III

Die achtziger Jahre des 20. Jahrhunderts begannen in der internationalen Politik mit neuen Stürmen und alten Ängsten. Die Welt der verfeindeten Blöcke in Ost und West, seit 40 Jahren in der Konfrontation des Kalten Krieges erstarrt, machte sich nach einer Phase der Entspannung wieder auf Schlimmeres gefaßt. Amerikas Vertrauen in den guten Willen der Sowjetunion war durch die Militärintervention in Afghanistan und die Stationierung sowjetischer Truppen auf Kuba schwer erschüttert; ihr neuer Präsident Ronald Reagan, der in der UdSSR das „Reich des Bösen" sah, leitete das größte Programm zum Aufbau der Streitkräfte ein, das es je zu Friedenszeiten gegeben hatte.

Zehn Jahre später war alles anders, hatte eine noch unsichere „Neue Weltordnung" die erstarrten Fronten des Kalten Krieges endgültig überwunden. In schnell folgenden Schritten der Abrüstung reduzierten USA und UdSSR erstmals ihre gewaltigen nuklearen Arsenale, allen voran die in Europa so gefürchteten Mittelstreckenraketen. In allen sowjetischen „Satellitenstaaten" stürzten die Kommunistischen Parteien von den Gipfeln der Macht, angefangen mit dem Wahlsieg der Gewerkschaftsbewegung in Polen. Der Warschauer Pakt existierte nicht mehr. Überall zogen die Sowjets ihre Truppen ab, aus Afghanistan und Kuba und aus dem Herzen Europas, sogar aus Deutschland, wo der Traum von der Wiedervereinigung unversehens Realität wurde. Die Berliner Mauer, scheußliches Symbol des Kalten Krieges, wurde in ihre Einzelteile zertrümmert.

Der Zeitsprung macht deutlich, wie sehr Gorbatschows Politik die Welt verändert hat. Gewiß hat Reagans Versuch, die Sowjetunion kaputtzurüsten, zu jenem Umschwung in der Moskauer Weltanschauung beigetragen, die Vertrauen an die Stelle von Abschreckung stellte. Aber es bleibt Gorbatschows historische Leistung, den gewaltigen Wandel friedlich vollzogen zu haben, auch wenn der Abschied von der Vormachtrolle schmerzte. Die Devise des Sowjet-Führers lautete: Jedem das Seine. Und er hielt sie auch durch, als aus dem konservativ-kommunistischen Militär-Industrie-Komplex der Vorwurf kam, Gorbatschow habe den Supermacht-Status der UdSSR verspielt, den europäischen *cordon sanitaire* ohne Not und zum eigenen Nachteil preisgegeben. Dagegen wehrte er sich noch 1991 vehement: „Was wir in der internationalen Arena in all den Jahren erreicht haben, brachte anderen Völkern ebenso großen Nutzen wie uns selbst... Die Versuche, unsere Erfolge in Frage zu stellen, sind zum Scheitern verurteilt." Seine Außenpolitik des „Neuen Denkens" brachte ihm die Bewunderung des Westens ein, nutzte ihm allerdings nichts, als er angesichts einer immer katastrophaleren inneren Entwicklung wie ein Bettler bei seinen neugewonnenen Freunden um Hilfe nachsuchte.

Denn zu Hause wurde der Prophet der Perestrojka nicht an seinen Gipfeltreffen, Abrüstungsabkommen und Auszeichnungen gemessen, sondern am Erfolg oder Mißerfolg der Wirtschaft und am Auf und Ab der Demokratisierung. Auch hier waren gewaltige Fortschritte zu verzeichnen. Was als „radikale Reform" in der allmächtigen und einzigen Partei begonnen hatte, bekam bald seine Eigendynamik. Seit Gorbatschow 1986 alle politischen Gefangenen freigelassen hatte und dem Mentor der russischen Demokraten, dem Physiker und Menschenrechtler Andrej Sacharow, die Heimkehr aus dem „inneren Exil" in Gorki erlaubte, mußte niemand mehr fürchten, für seine Meinung in die Fänge des KGB zu geraten. So wurden die Forderungen innerhalb und außerhalb der KPdSU immer mutiger, immer weitreichender, und Gorbatschow, auf dem Kamm der neuen Welle reitend, konnte ihnen nicht mehr ausweichen. Die Partei beschloß Dezentralisierung, eine neue Verfassung, erstmals Wahlen mit mehreren Parteien – und schließlich die Aufgabe ihres Machtmonopols. Am 7. Februar 1990 beendete das ZK die Rolle der KPdSU als „führende und leitende Kraft der Sowjetgesellschaft". Im Jahr darauf, am 26. Juli, vollzog es den letzten Schritt der Perestrojka mit einem neuen Parteiprogramm ohne Marx und Lenin. Im neuen Parlament bestimmten nicht mehr Kommunisten den Kurs, und immer häufiger forderte die demokratische Opposition den Rücktritt des seit März 1990 als Präsident amtierenden Gorbatschow. Der Reformer drohte zwischen die Mühlen zu geraten: auf der einen Seite diejenigen, die alles noch viel radikaler und viel schneller verändern wollten als er, auf der anderen die alte Garde, der alles schon viel zu weit gegangen war. Einer ihrer Hauptvertreter war der Erste Sekretär der wiedergegründeten Russischen KP, Iwan Poloskow, der die Welt nicht mehr verstand. „Die Hauptaufgabe in unserer Umbruchzeit", erklärte er, „besteht darin, die Reinheit der sozialistischen Werte zu verteidigen, die so sehr mit dem Schmutz von Lügen und Verleumdungen besudelt werden."

Doch nicht Poloskow war der Mann, auf den Rußland hörte, dem die Russen zujubelten. Boris Jelzin erkämpfte sich diese Position durch sein beharrliches Eintreten für westliche Werte: mehr Demokratie, mehr Freiheit, mehr Marktwirtschaft. Der bullige Russe aus dem Ural war wie Gorbatschow in der KPdSU aufgestiegen, zuletzt von Gorbatschow zum Stadtparteichef von Moskau berufen. Ende 1987 jedoch wurde Jelzin auf Betreiben der Partei-Rechten entlassen. Die Umstände dieser Demontierung – der herzkranke Jelzin wurde vom Krankenbett vor seine Kritiker geschleift und in seiner Ohnmacht erniedrigt – zogen Gorbatschow den Haß Jelzins zu. „Sie waren eine Hundemeute, eine Meute, die bereit war, mich zu zerfetzen", schrieb Jelzin in seinen „Aufzeichnungen eines Unbequemen". „Wie nennt man es, wenn ein Mensch mit Worten umgebracht wird?" Über alldem präsidierte Michail Gorbatschow. Von da an war Jelzin der Stachel in seinem Fleisch. Der Ausgestoßene stieg auf zum Vorsitzenden des Russischen Parlaments und zum ersten freigewählten Präsidenten Rußlands; zwischendurch zog er den Trennungsstrich zur Kommunistischen Partei, ein Schritt, den Gorbatschow immer noch nicht über sich brachte.

Die letzte Phase der Perestrojka lebte und bebte unter dem Gegensatz zwischen Gorbatschow und Jelzin, ihr Kernthema war die Umgestaltung der Wirtschaft. Viel war auch hier geschehen: die Kommandowirtschaft und ihre Monsterbürokratien gestrafft, Privatbetriebe in Handel und Dienstleistungen gestattet, neue Unternehmensformen geschaffen, Privatbesitz und Bodenpacht zugelassen, Auslandsinvestitionen erleichtert. Doch es war nicht genug geschehen, um den taumelnden Sturzflug der Wirtschaft aufzuhalten. Statt zu florieren, geriet das System in den Sog von Inflation, Verschuldung und Korruption. Die Führung wagte es nicht, die staatlich subventionierten Handelspreise freizugeben, die Zuschüsse für die marode Landwirtschaft, die ein Drittel aller Investitionen verschlang, endgültig abzuschaffen, unrentable und verrottete Fabriken zu schließen. Auch konnte sie die Lethargie der arbeitenden Massen nie überwinden, doch war das ohnehin eine Jahrhundertaufgabe. Gorbatschow, kein Wirtschaftsexperte von Anfang an, hatte gehofft, man werde voranschreiten und „auf dem Wege dazulernen". Als er einsah, daß das System lernunfähig war und all seine Maßnahmen mangels Koordination und Abstützung zu nichts führten, jedenfalls nicht zu den immer wieder versprochenen Verbesserungen der Lebensbedingungen („Alles, was wir tun, tun wir für die Menschen"), war sein Kredit weitgehend verspielt. „Die Förderer der Perestrojka bewiesen eine erstaunliche Leichtfertigkeit", urteilte der Publizist Alexander Pumpjanskij. „Als sie die Perestrojka einleiteten, hatten sie kein ausgereiftes Schema der Dinge. Perestrojka wurde konzipiert als ein Mittel zur Verbesserung des Sozialismus, aber in ihrem Schwung ließ sie von den Festungswällen des Sozialismus keinen Stein auf dem anderen."

Gorbatschow bekam noch einmal, im Sommer 1990, eine letzte Chance, die Abkehr vom Zwangssystem der Planwirtschaft zu vollziehen: Die Wirtschaftswissenschaftler Stanislaw Schatalin, Nikolaj Petrakow und Grigorij Jawlinskij hatten einen Plan erarbeitet, nach dem innerhalb von 500 Tagen jede zentrale Lenkung beseitigt und eine freie Marktwirtschaft westlichen Musters eingeführt werden sollte. Jelzin unterstützte das Programm — und Gorbatschow schloß sich seinem Rivalen zunächst an. Bald jedoch bekam er kalte Füße. Die Wirtschaftsreformen, die er in der Folgezeit absegnete, waren nichts als Halbmaßnahmen, die wie die Preiserhöhungen vom April 1991 Ärger auslösten, aber keine Erfolge. Die nackte Not breitete sich im Lande aus; weitere Millionen sackten in die Armut ab, nach westlichen Schätzungen fast jeder vierte Sowjetbürger. Jelzins „500 Tage" blieben das einzige kohärente und erfolgversprechende Wirtschaftsreformprogramm in der UdSSR. Verschoben, vertan, verdorben — ein weiterer Kardinalfehler Gorbatschows.

Vielleicht hätte dieses Programm auch nichts mehr retten können, denn im Laufe des Jahres 1991 wurde immer deutlicher, daß der Zerfall der UdSSR in souveräne, auch wirtschaftlich souveräne Teilstaaten nicht mehr aufzuhalten war. Gorbatschow kämpfte bis zuletzt um die Erhaltung der Union, Jelzin blickte auf ein unabhängiges Rußland als Vormacht in einer neuen Staatengemeinschaft. Doch der neue Unionsvertrag, den der sowjetische Präsident mit den Präsidenten aller 15 Sowjetrepubliken im Sommer 1991 zusammenhämmerte, scheiterte nicht am Widerstand Jelzins. Er forderte das letzte Aufgebot der Alten Garde heraus zu einem letzten Akt der Verzweiflung, den sie die „Rettung des Landes" nannte. Es war Gorbatschows größte Tragik, daß er diese Widersacher selbst emporgehoben hatte, selbst gegen den Rat seiner Freunde und Mitstreiter aus den Anfängen der Perestrojka. Ihre Warnungen vor Rechtsruck und Umsturz schlug er in den Wind. Als sie verzweifelten, ließ er sie fallen, so seinen Außenminister Schewardnadse, der in einer dramatischen Rede am 20. Dezember 1990 erklärte: „Ich trete zurück. Möge dieser Rücktritt mein Protest sein gegen die heraufziehende Diktatur." Immer noch schreckte Gorbatschow vor der Entmachtung der am wenigsten von der Demokratisierung berührten Organe zurück: Zentralkomitee, KGB und Generalstab. In seinem Zickzack-Kurs, mit dem der Meistertaktiker Gorbatschow immer wieder Gegner von rechts und links ausgetrickst hatte und selbst aus den kompliziertesten Verstrickungen unversehrt aufgetaucht war, stolperte er am Schluß über seine eigenen Beine. Was immer seinen letzten Pakt mit den konservativen Kräften, repräsentiert durch seinen Vizepräsidenten Gennadi Janajew, seinen Ministerpräsidenten Walentin Pawlow, seinen Verteidigungsminister Dimitri Jasow und seinen KGB-Chef Wladimir Krjutschkow, im Sinne der Machterhaltung rechtfertigte, er besiegelte Gorbatschows Untergang. Und mit dem Mann, der angetreten war, den Sozialismus umzugestalten, purzelten auch der Sozialismus, die Kommunistische Partei und die Union der Sozialistischen Sowjetrepubliken auf den Kehrichthaufen der Geschichte.

Eines bleibt indes als historisches Verdienst des Michail Gorbatschow an seinem eigenen Volk: Er brachte es auf den Weg zu Freiheit, Demokratie und Menschenwürde, ein langer Weg angesichts einer Geschichte jahrhundertelanger Unterdrückung. Auch wenn er sich selbst nicht immer daran hielt, vor allem, wenn die Dinge nicht nach seinem Willen gingen, bleibt ein Ausspruch Gorbatschows in Erinnerung: „Wir brauchen die Demokratie wie die Luft zum Atmen." Werden die Russen nun endlich die Demokratie erlernen und Demokratie leben, oder werden sie sich von neuen Demagogen und Populisten verführen lassen oder gar, wie Amalrik in seiner Prophezeiung befürchtete, in „Anarchie" stürzen? Die Entscheidung hat Gorbatschow in ihre Hände gelegt.

Wenn er dabei wie Goethes Zauberlehrling der Geister nicht mehr Herr wurde, die er heraufbeschworen hatte, wenn andere die Früchte ernteten, die er gesät hatte, so mag er dies persönlich als bitter und tragisch empfinden. Vor der Geschichte mindert es seine Bedeutung nicht.

Mario R. Dederichs

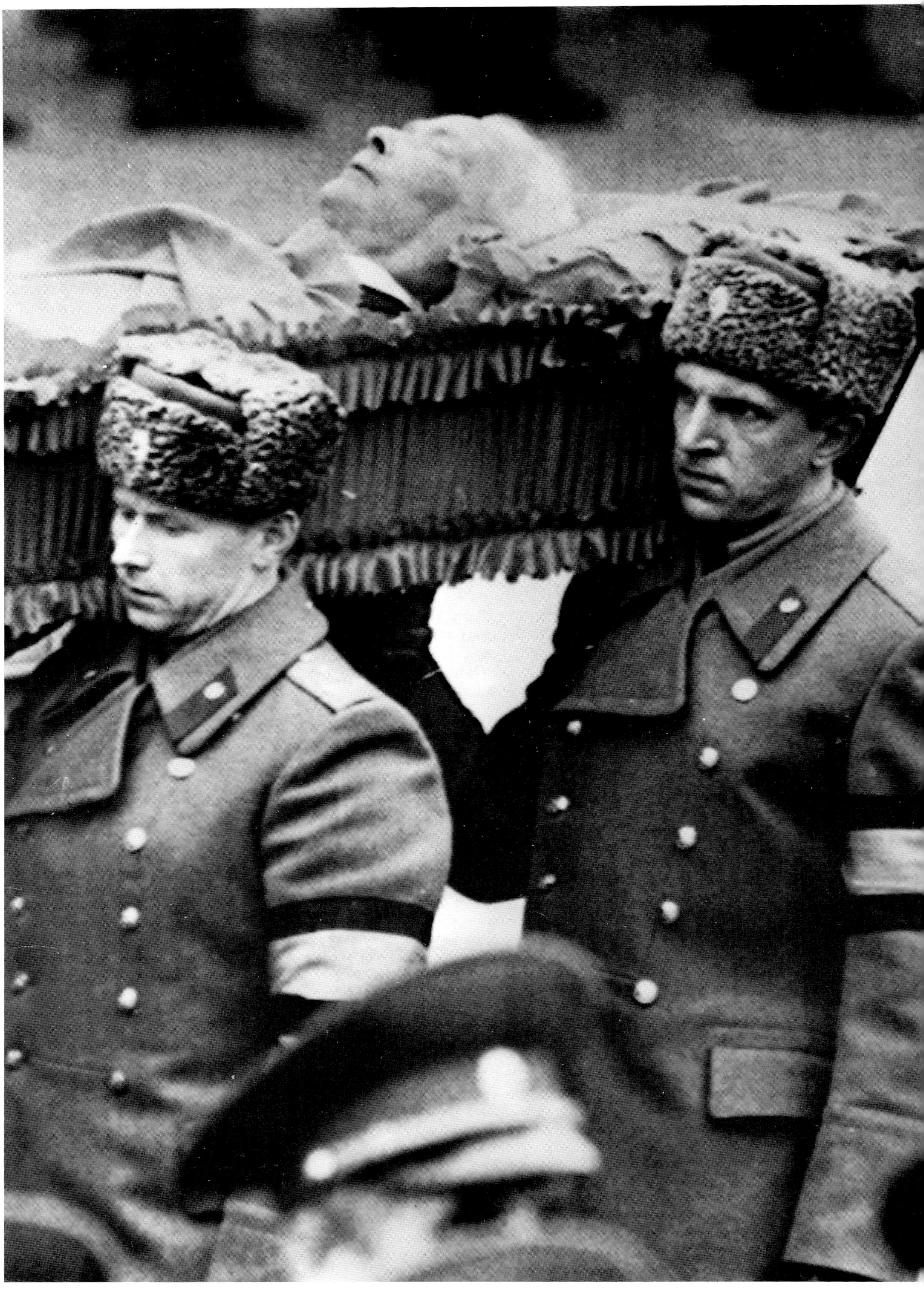

Die alte Garde wird zu Grabe getragen

Im März 1985 wird der sowjetische Partei- und Staatschef Konstantin Tschernenko an der Kremlmauer beigesetzt. Außenminister Gromyko (rechts) und der neue starke Mann Michail Gorbatschow folgen dem offenen Sarg. Nach den greisen Sowjetführern Breschnew, Andropow und Tschernenko tritt mit dem 54jährigen Gorbatschow eine neue Generation die Herrschaft an. Der Bauernsohn aus dem Kaukasus leitet die größte Umwälzung seit Lenins Revolution von 1917 energisch ein: Demokratisierung des Lebens in der UdSSR und außenpolitisch die Annäherung des kommunistischen Riesenreiches an die parlamentarischen Demokratien des Westens sowie die Beendigung des Kalten Krieges durch Abrüstung und Entspannung. Für seine Reformpolitik prägt er zwei Schlagworte, die um die Welt gehen: „Glasnost" und „Perestrojka" — Offenheit und Umgestaltung.

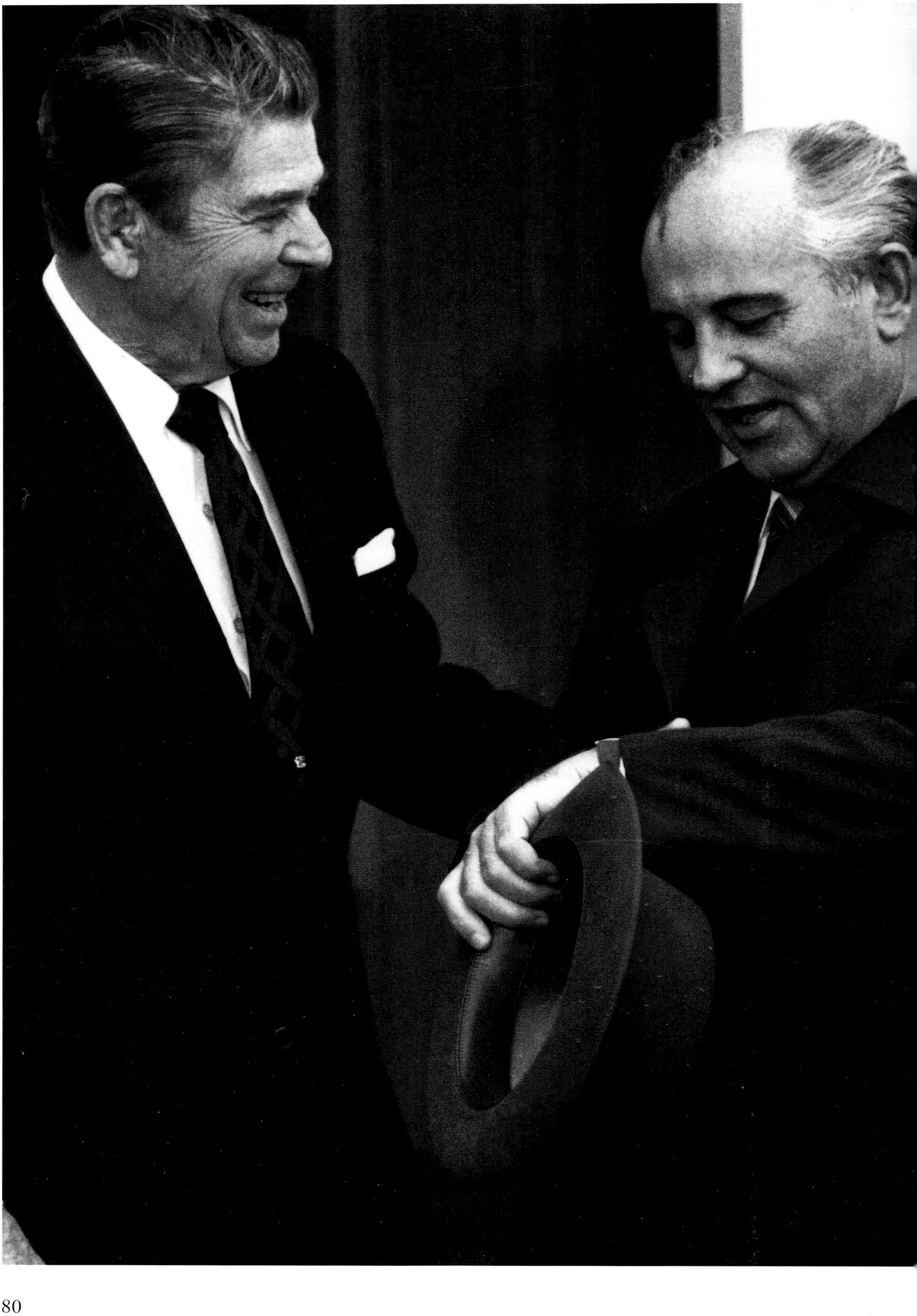

Außer Lächeln nichts gewesen

Das zweite Gipfeltreffen von US-Präsident Ronald Reagan und Michail Gorbatschow im Oktober 1986 in Reykjavik ist ein Mißerfolg. Der Kremlchef, der seit seinem Amtsantritt vor anderthalb Jahren den Westen mit mehreren einseitigen Abrüstungsinitiativen verblüffte, fordert nun einen radikalen Abbau der Atomwaffen. Im Gegenzug erwartet er, daß die USA auf ihre Pläne für eine strategische Raketenabwehr aus dem Weltraum (SDI) verzichten. Das lehnt Reagan strikt ab. Während sich Gorbatschow in Moskau gegen den Vorwurf seiner eigenen Militärs wehren muß, er sei bei den Verhandlungen in Reykjavik zu weit gegangen, triumphieren in Washington die Hardliner: Sie wollen die Sowjetunion, das „Reich des Bösen", totrüsten.

Gorbi, Gorbi über alles

Gorbatschow und seine elegante Frau Raissa werden im Juni 1989 beim Staatsbesuch in Bonn von den Bundesbürgern enthusiastisch begrüßt. Während die Wirtschaftskrise und die eskalierenden Nationalitätenkonflikte in der Sowjetunion Gorbatschow in eine scheinbar ausweglose Lage bringen und seine Sympathiekurve daheim fast auf Null sinken lassen, ist seine Popularität im Ausland ungebrochen. Auch in Ostdeutschland wird Hoffnungsträger „Gorbi" im Oktober beim „40 Jahre DDR"-Spektakel vom Volk überschwenglich gefeiert. Prophetisch mahnt er den Staatsratsvorsitzenden Erich Honecker: „Wer zu spät kommt, den bestraft das Leben."

Raissa Gorbatschowa – Mode und Politik

Raissa Gorbatschowa begutachtet in Paris – neben Pierre Cardin sitzend – des Couturiers neueste Collection von Abendkleidern im Herbst 1985. Seit Michail Gorbatschow im Kreml regiert, kommt die westliche Welt aus dem Staunen nicht mehr heraus. Und auch seine Frau überrascht die Medien: Zum ersten Mal hat die Sowjetunion eine wirkliche „First Lady", intelligent, charmant und attraktiv. Eine Frau, die ihr Mann liebevoll „mein General" nennt und deren Einfluß auf sein Handeln er keineswegs leugnet. Doch der Aufmerksamkeit im Ausland steht Mißbilligung im Inland gegenüber. Die Auslandsreisen, die Einkaufsbummel in westlichen Modehäusern und das luxuriöse Leben kontrastieren zu stark mit dem Alltag der sowjetischen Frauen, die nach einem harten Arbeitstag für die grundlegenden Nahrungsmittel und Konsumgüter stundenlang anstehen müssen.

83

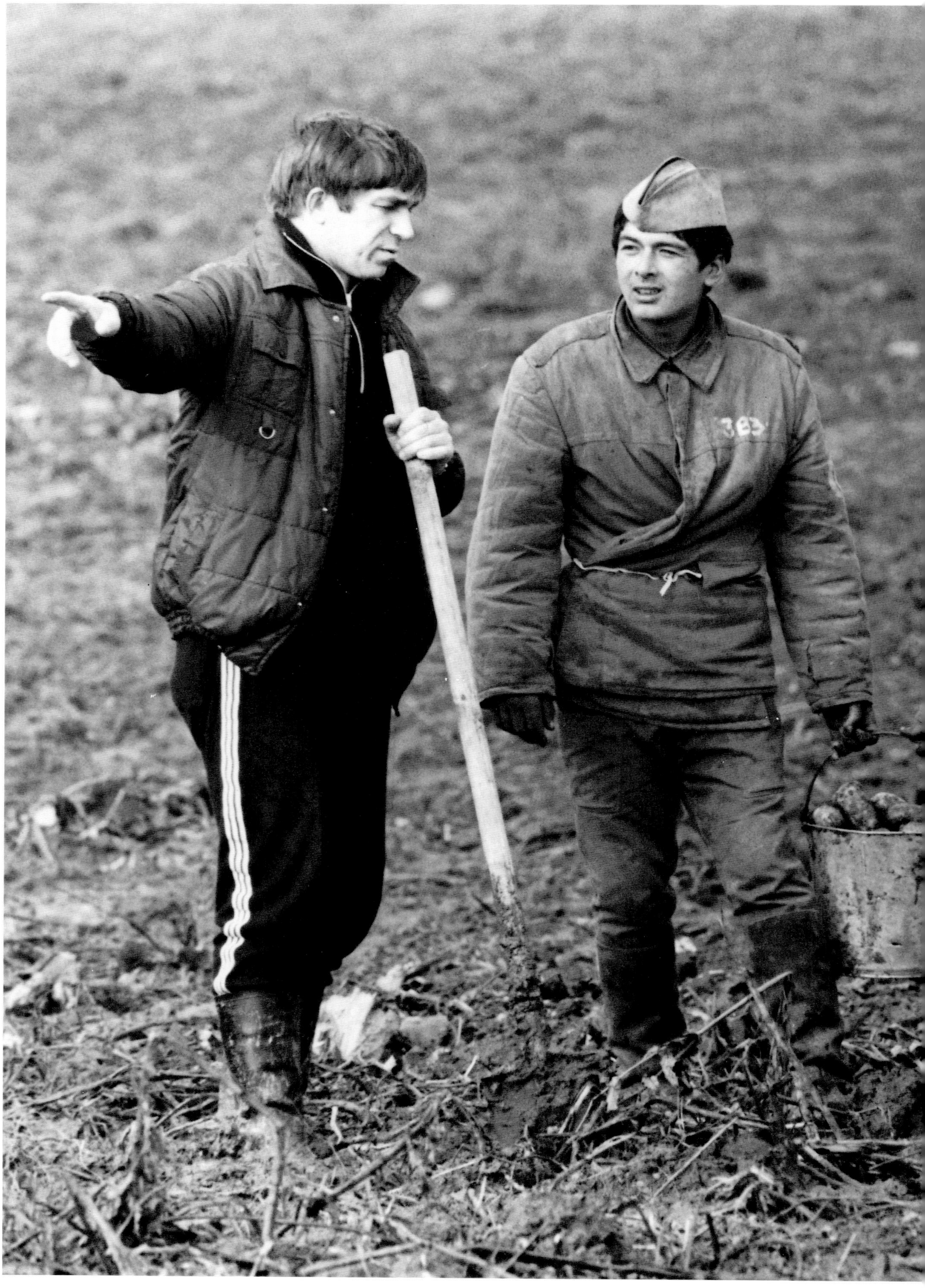

Die Reformen greifen nicht

Seit seinen umfassenden Reformplänen läßt sich Gorbatschow auch von zwei international renommierten Wirtschaftswissenschaftlern beraten: von Professor M. A. Aganbegian (Bild unten), der seine Vorschläge in dem Buch „Perestrojka" erläutert, und von Nikolaj Petrakow, dem Leiter des „Marktinstituts" an der Akademie der Wissenschaften in Moskau. Das weitgesteckte Ziel: „wissenschaftlich-technische Erneuerung der Produktion, höchstes Weltniveau der Arbeitsproduktivität, Lockerung der ineffizienten Planwirtschaft". Doch der in siebzig Jahren zu einem unbeweglichen Moloch mutierte kommunistische Amtsapparat hemmt die Reformen auf allen Ebenen. Die Großindustrie bleibt unproduktiv, die Versorgungskrise wird immer schlimmer. Die Bevölkerung vegetiert Winter für Winter am Rande der Hungersnot.

Blamage am Vatertag

Am Himmelfahrtstag 1987 landet der Sportflieger Mathias Rust aus Wedel in Holstein mit einer Cessna 172 auf dem Roten Platz in Moskau, direkt an der Kremlmauer. Der 19jährige war von Finnland aus, ungehindert von der sowjetischen Luftabwehr, in das Hoheitsgebiet der UdSSR eingedrungen. Eine unglaubliche Blamage vor der Weltöffentlichkeit für die hochgerüstete militärische Großmacht. Gorbatschow nimmt den „Dummejungen-Streich" zum Anlaß, sich konservativer Militärs zu entledigen: Der 75jährige Verteidigungsminister Sergej Sokolow (Bild oben) und Luftabwehrchef Marschall Alexander Koldunow (Bild unten) sowie mehr als hundert höhere Offiziere, die dem Reformer im Wege stehen, werden gefeuert.

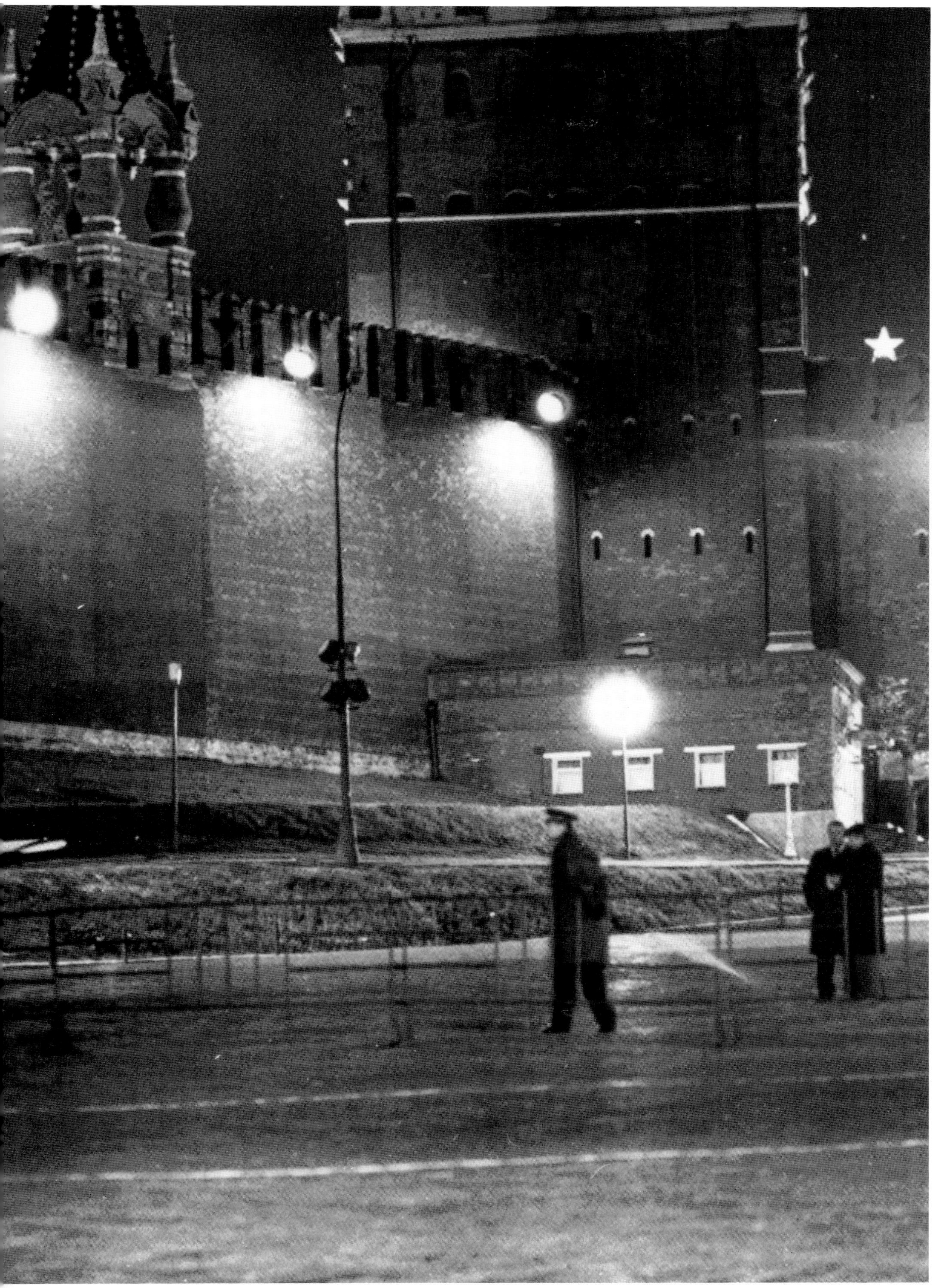

Der Krieg, der nicht zu gewinnen war

Sowjetische Panzer ziehen sich aus Afghanistan zurück. Das von sowjetischen, amerikanischen, afghanischen und pakistanischen Diplomaten 1988 in Genf unterzeichnete Abkommen beendet die 1979 von Breschnew zur Stützung der kommunistischen Regierung in Kabul befohlene militärische Besetzung des Bergstaates am Hindukusch. Der neunjährige Krieg der Weltmacht gegen die erbittert Widerstand leistenden Muhadschadin kostete 15 000 Sowjetsoldaten und mehr als eine Million Afghanen das Leben. Daß der dynamische Friedenspolitiker Michail Gorbatschow sein Versprechen einlöst, verleiht der Sowjetunion neues Ansehen im Westen. 1990 wird ihm der Friedensnobelpreis verliehen.

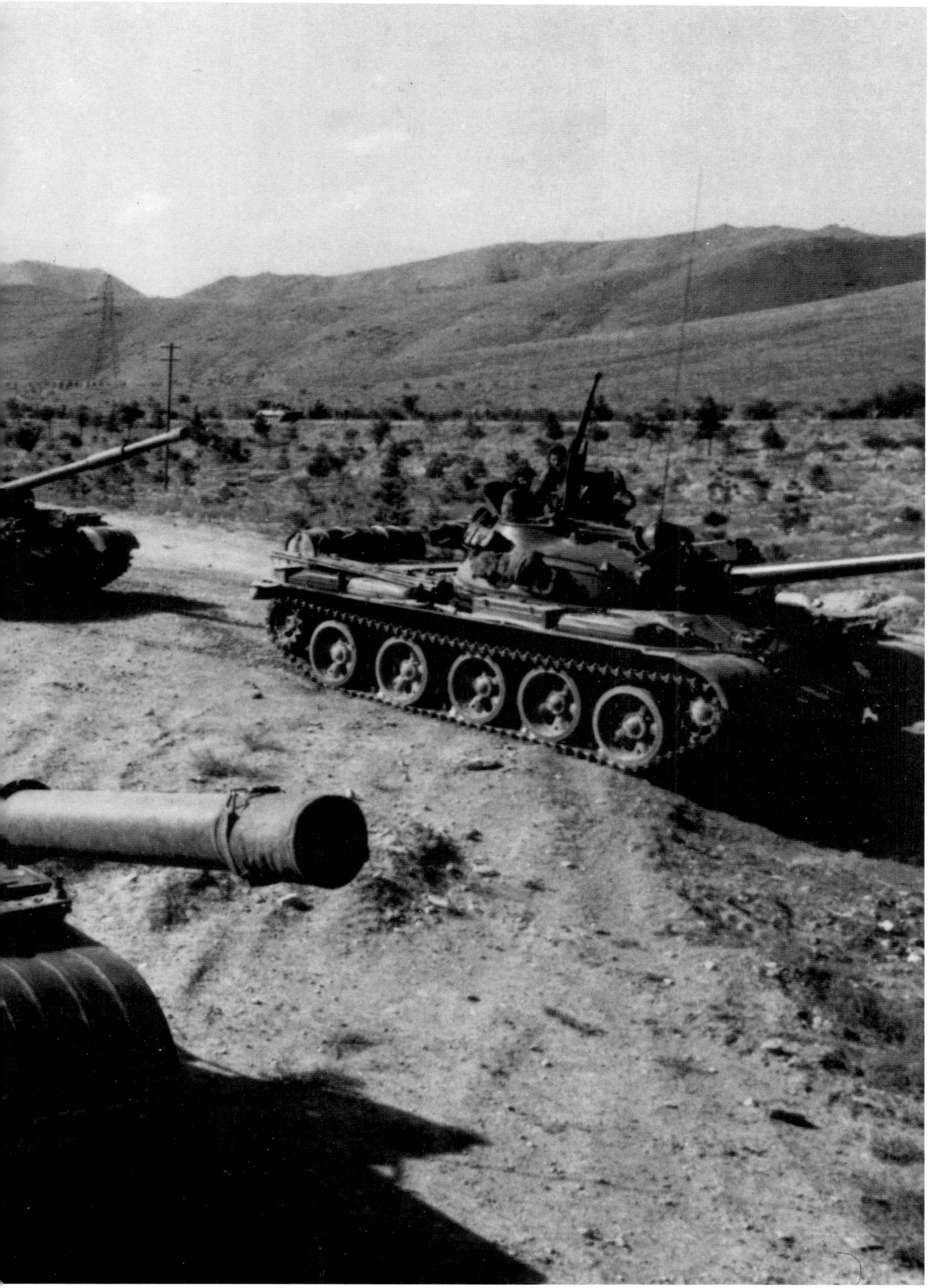

Atomraketen werden verschrottet

Sowjetische Soldaten bereiten in Kasachstan SS 20-Raketen zur Verschrottung vor. Zum ersten Mal wird die Rüstungsspirale in Ost und West zurückgedreht. In einem von Reagan und Gorbatschow im Dezember 1987 in Washington feierlich unterzeichneten Vertrag ist die Vernichtung sämtlicher 2569 atomaren Mittelstrecken-Raketen beider Staaten besiegelt worden. Obwohl die weiteren Abrüstungsverhandlungen nur zögernd vorankommen — die Gefahr eines Atomkrieges zwischen den Supermächten scheint gebannt. Die Welt atmet auf.

91

Die Markthalle von Eriwan

Das Angebot an Obst und Gemüse ist reichhaltig — aber nur auf den freien Märkten und zu überteuerten Preisen. Die Birnen, Weintrauben, Äpfel und Tomaten, die hier in der stimmungsvollen Markthalle von Eriwan aufgebaut sind, kann sich der Durchschnittsverdiener nicht leisten. Für ein Kilo Tomaten müßte er einen Tageslohn opfern. In den staatlichen Geschäften dagegen sind die Regale leer. Sobald auch nur wenige Artikel angeliefert werden, bilden sich lange Schlangen. Inzwischen kaufen die Sowjetbürger alles, was sie bekommen können, ob sie es brauchen oder nicht. Man weiß ja nie, ob man dafür nicht notwendige andere Artikel eintauschen kann.

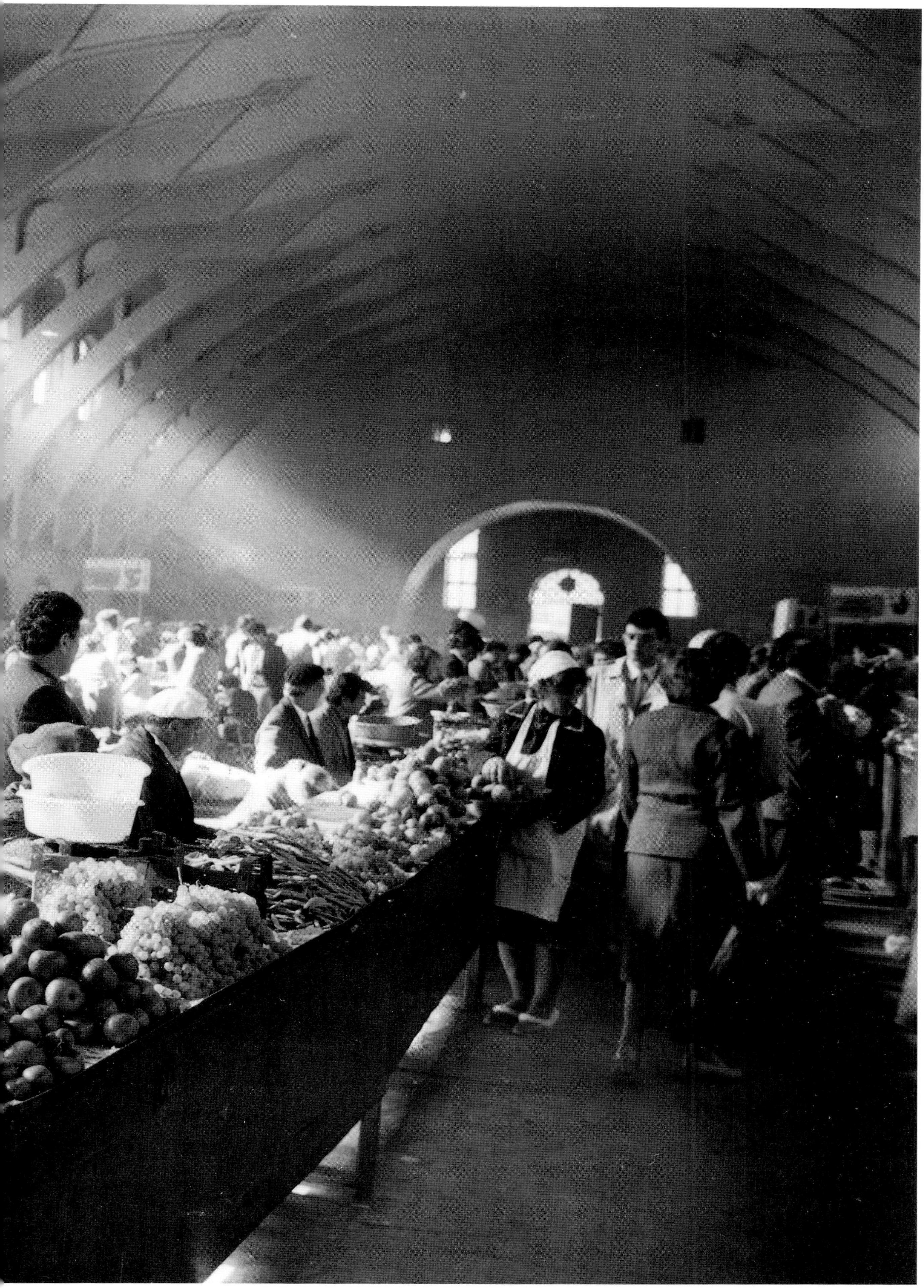

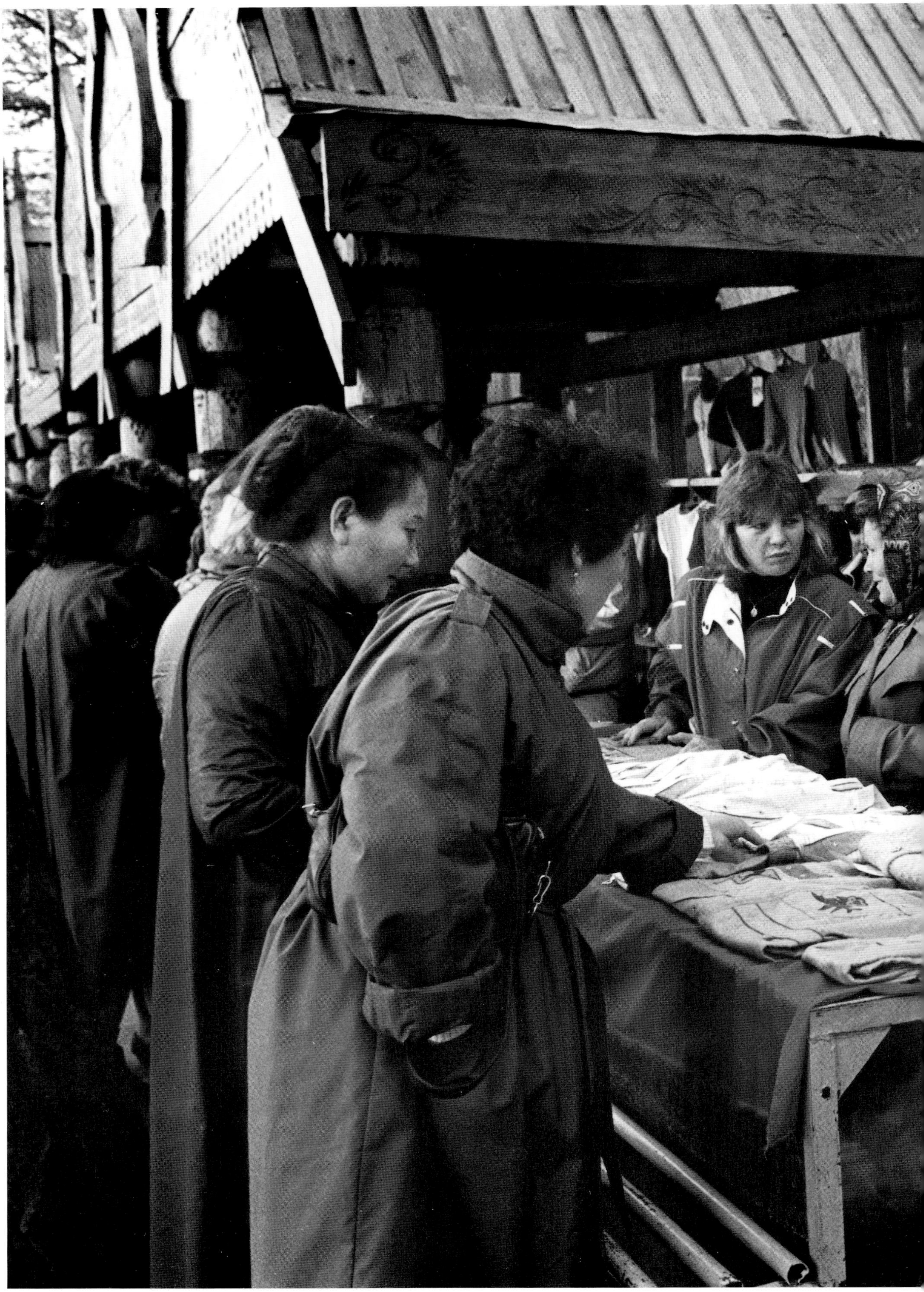

Auf der Straße beginnt die Marktwirtschaft

Fliegende Händler und Straßenverkauf sind in allen osteuropäischen Ländern ein Indiz für die Veränderungen im Handel: auch in der Sowjetunion führen neue gesetzliche Verordnungen dazu, daß einzelne Firmen ihre Waren selber im Straßenverkauf anbieten. Hier ist es eine Kooperative, die Textilien auf einem Moskauer Markt verkauft. Für die Ermittlung eines realistischen Warenwerts sind diese Stände außerordentlich wichtig.

Die Versorgungsnot wird immer größer

Leere Regale, empörte Bürger — vor allem die Frauen leiden unter den ständigen Versorgungsengpässen. Schlange stehen gehörte schon immer zum Alltag, doch früher war man sicher, daß irgendwann irgendwo alle lebensnotwendigen Waren zu bekommen waren. Das ändert sich jetzt. Nachdem freie Märkte legalisiert worden sind, wird das Warenangebot in den staatlichen Läden immer geringer. Doch die Preise auf den freien Märkten sind unbezahlbar — da bleiben den Bürgern nur Zorn und Geduld. Und die Einsicht, daß es so nicht weitergehen kann.

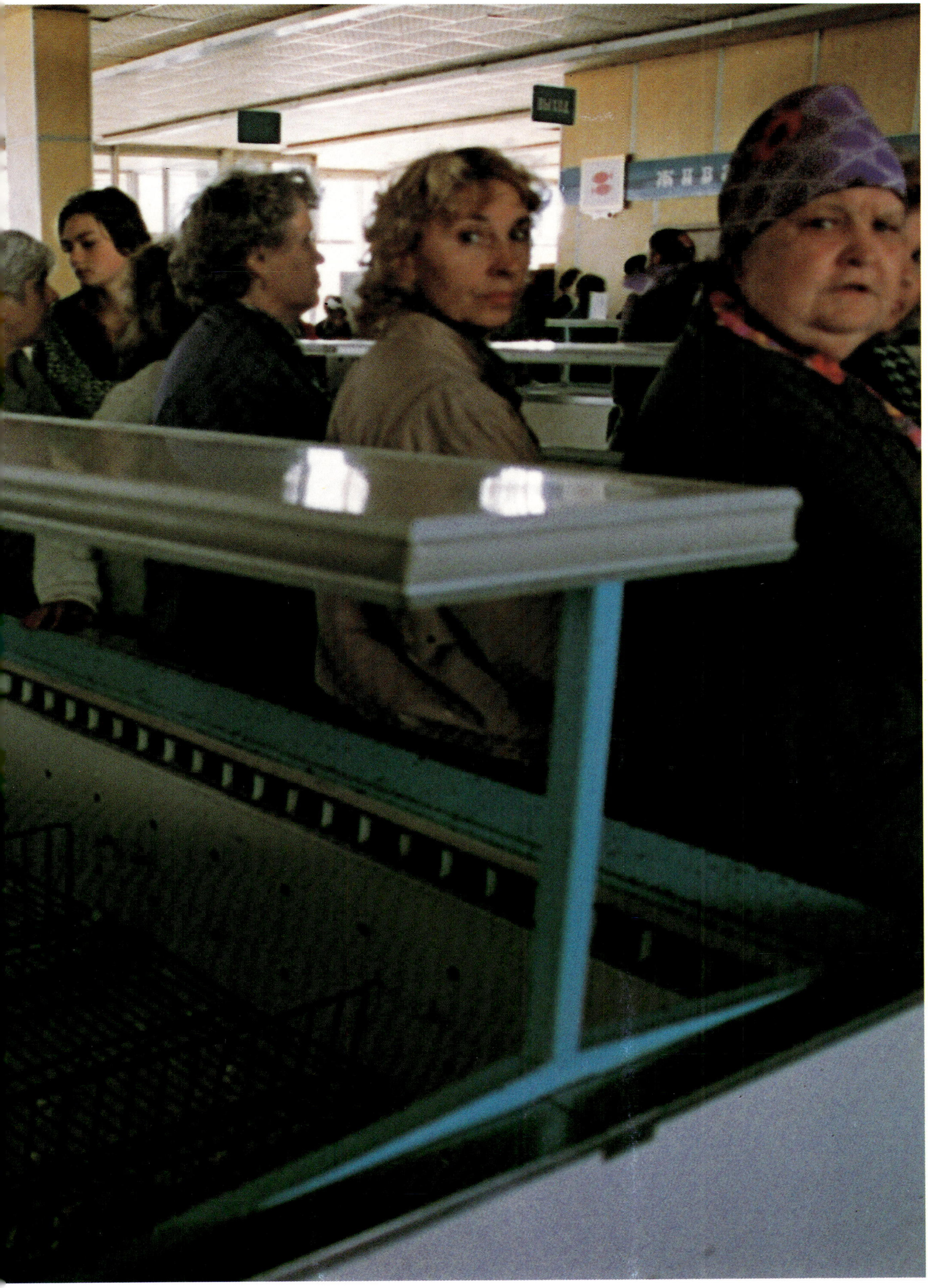

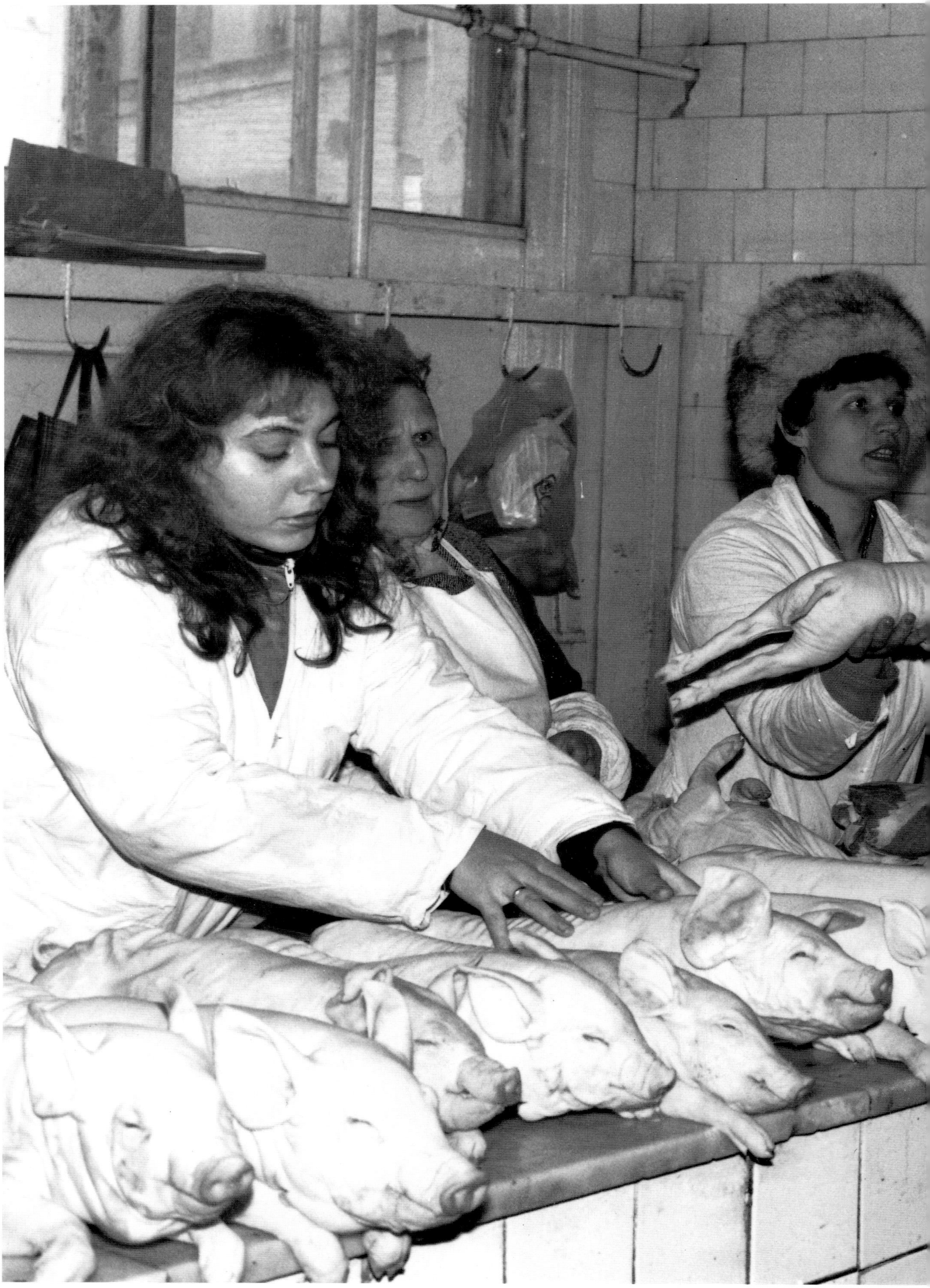

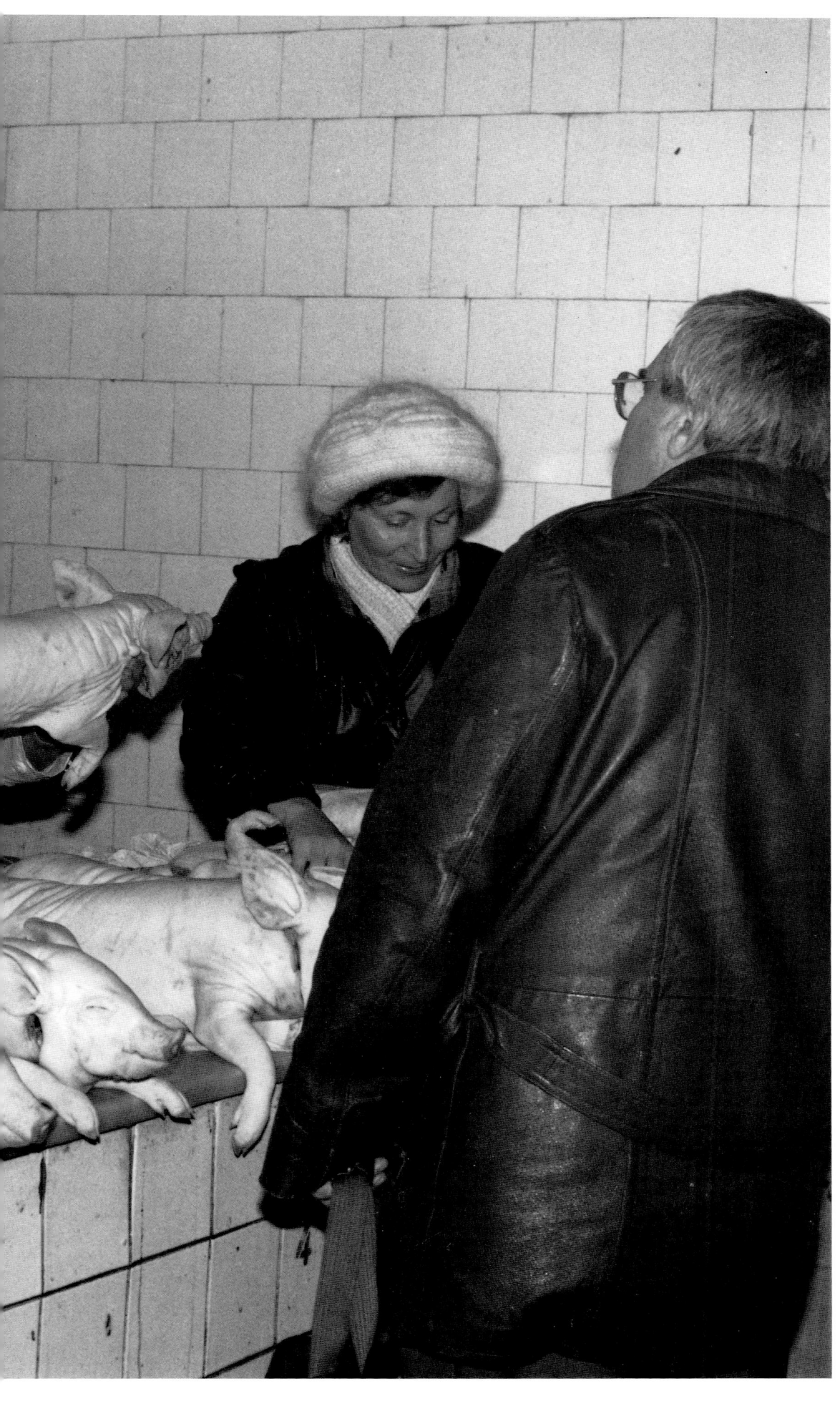

Fleisch von der Mafia

Fleisch in Hülle und Fülle wird in der Halle des Moskauer Zentralmarktes angeboten — für 30 Rubel das Kilo, ungefähr ein Achtel des Monatslohns eines sowjetischen Durchschnittsverdieners. Als am 20. Dezember 1990 der Höchstpreis für ein Kilo Fleisch auf 15 Rubel festgesetzt wird, unterläuft das Handelskartell, auch „Schweinemafia" genannt, den Erlaß. Angeboten wird nur noch minderwertiges Fleisch. Tonnenweise wird Fleisch vernichtet und so das Angebot künstlich verknappt. Um das Kartell auszubooten, macht der Moskauer Stadtrat fairen Anbietern ein besonderes Angebot: Auf dem Zentralmarkt und drei anderen Märkten können Bauern Rind, Hammel und Schwein für sechs Rubel das Kilo abliefern. Für einen Teil der Summe bekommen sie Bezugsscheine für Waren, die seit langem sehr knapp sind, darunter auch — für den Bauern besonders wichtig — Kraftfutter fürs Vieh.

Streik der Kumpel für ein besseres Leben

Hunderttausende Bergarbeiter streikten im Juli 1989 im sibirischen Kusbass, im Donezbecken der Ukraine und im kasachischen Karaganda — der erste Streik gegen den Wirtschaftsschlendrian unter Gorbatschow. Angefangen hatte es in der westsibirischen Stadt Meschduretschensk, wo Bergleute in den Sitzstreik traten, um gegen die schlechte Versorgungslage und die miserablen Arbeitsbedingungen zu protestieren. Sie fordern 800 Gramm Seife pro Monat, ein Handtuch auf Betriebskosten, die Verbesserung der Sicherheitsbedingungen und ausreichend Arbeitskleidung und Kantinenessen. Bescheidene Forderungen in einem Industriestaat mit hochentwickelter Raumfahrt- und Rüstungstechnologie, die aufzeigen, wie erbärmlich die Lebensverhältnisse der 2,7 Millionen Kumpel in der UdSSR sind. Als am nächsten Tag schon 12 000 streiken, erfaßt der Protest nicht nur das sibirische Kohlerevier, sondern auch die anderen großen Bergwerkszentren. Streikkomitees bilden sich, und die Bergleute verlangen nicht nur höhere Löhne, bessere soziale Bedingungen, ausreichende Versorgung mit Grundnahrungsmitteln und Konsumgütern des täglichen Lebens, sondern stellen auch politische Forderungen: Finanzautonomie der Bergwerke, Eigenverwaltung der Betriebe und die Entmachtung der Parteibürokratie.

101

Joint Venture auf neuen Sohlen

Schuhfabrik Lenwest in Leningrad: Bei diesem Joint Venture zwischen der westdeutschen Firma Salamander und dem sowjetischen Schuhkombinat Proletarischer Sieg arbeiten Frauen an modernen Stepp- und Stanzmaschinen aus Deutschland nach westlichen Normen und Qualitätskontrollen. Die Angestellten werden nach Leistung bezahlt, wurden einen Monat lang geschult und sind – ungewöhnlich in der Sowjetunion – kündbar. Die Produktivität des Betriebs hat West-Standard erreicht. Nachdem Moskau im Januar 1987 die gesetzlichen Voraussetzungen für Joint Ventures mit westlichen Partnern geschaffen hatte, war der deutsche Schuhhersteller Salamander eine der ersten Firmen, die sich auf das Experiment einließen. 1989 betrug die Schuhproduktion schon mehr als eine Million Damen- und Herrenschuhe. Doch nur etwa zwei Prozent der rund 4000 bisher registrierten Joint Ventures dienen tatsächlich der Produktion. Enttäuschend für Moskau, das sich davon einen nachhaltigen Impuls für die sowjetische Wirtschaft versprochen hatte.

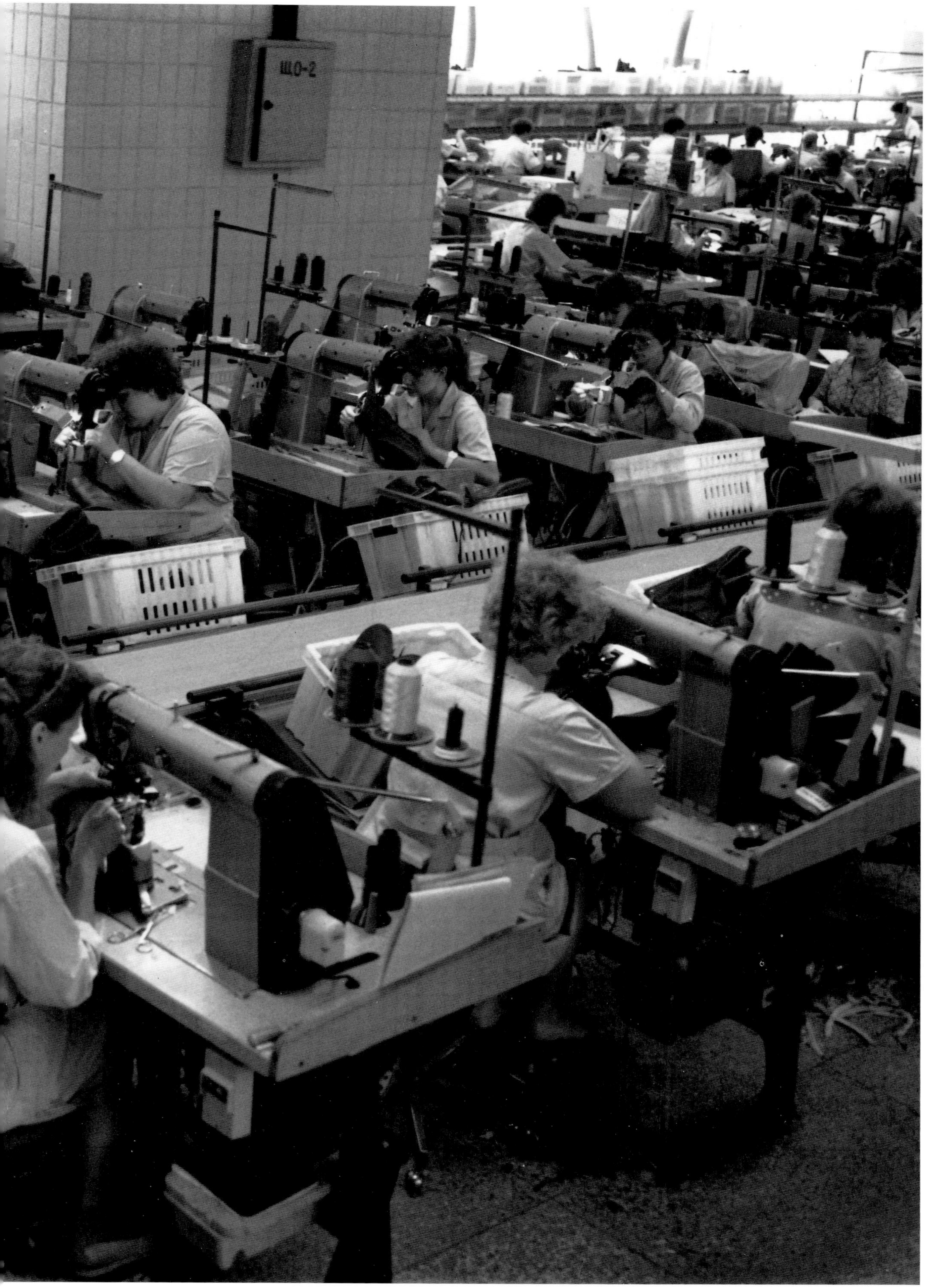
ЩО-2

Teures Schlemmen, bittere Not

Schlemmen im Moskauer Folklore-Restaurant „Aragwi". Eine einfallslose, aber herrschsüchtige Bürokratie hat den Köchen über Jahrzehnte das selbständige Denken am Herd gründlich ausgetrieben. Perestrojka soll nun auch das ändern und der traditionellen Küche zu neuem Ansehen verhelfen. Doch nur auf dunklen, von Schieberbanden à la Mafia beherrschten Kanälen lassen sich die delikaten Zutaten dafür beschaffen. Entsprechend gesalzen sind die Preise auf den Speisekarten; im Schnitt 30 Rubel für ein Menü (Durchschnittseinkommen im Sowjetreich 240 Rubel). Nur Ausländer und wenige Sowjetbürger können sich solche Zechen leisten, während die Normalverdiener wie zu Stalins, Chruschtschows und Breschnews Zeiten weiter stundenlang in endlosen Schlangen nach Grundnahrungsmitteln anstehen müssen, wenn es diese überhaupt gibt. Die Regale sind meist leer, der Staatshandel ist pleite. Die von Gorbatschow versprochenen Reformen hin zur Marktwirtschaft stehen nur auf dem Papier.

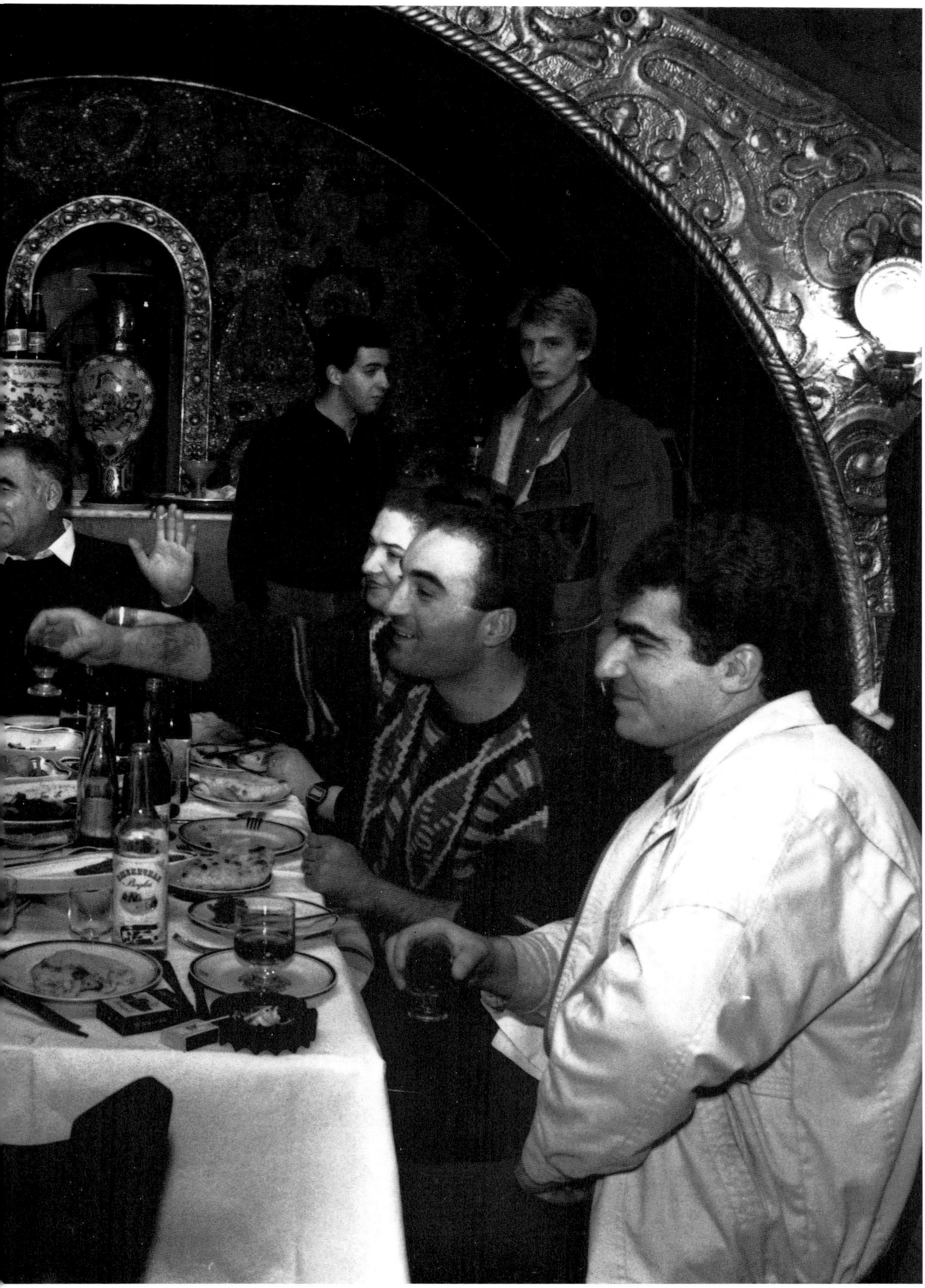

Mit der Mutter Gottes gegen Lenin

Das hat seit siebzig Jahren niemand mehr gewagt: Popen und Gläubige der russisch-orthodoxen Kirche tragen demonstrativ eine Ikone am (noch) mit einem überlebensgroßen Lenin-Bild geschmückten GUM-Kaufhaus in Moskau vorbei. Sie fordern den Wiederaufbau einer während der roten „Hexenjagd" in den Revolutionsjahren von Bolschewisten zerstörten Kirche. Gorbatschow liberalisiert im Zuge seiner Demokratisierung von Partei und Gesellschaft die radikale atheistische Kirchen- und Religionspolitik des Kreml.

Erste Anfänge der freien Wirtschaft

Legale private Betriebe wie diese Tischlerei sind erst seit 1986 möglich, nachdem das Gesetz zur Regelung individueller Arbeit in Kraft trat. Zwar blieb die Beschäftigung familienfremder Arbeiter verboten, und auch sonst waren privaten Initiativen enge Grenzen gesetzt. Immerhin war dies der erste Schritt in Richtung Marktwirtschaft. Erst die Verfassungsrevision und das „Gesetz über Eigentum in der UdSSR" vom März 1990 erkannte das Eigentum der Sowjetbürger, das Kollektiveigentum und das Staatseigentum als gleichberechtigte Eigentumsformen an. Im April 1991 wurden dann die Rechtsgrundlagen für die Entfaltung des freien Unternehmertums in der UdSSR geschaffen: das Recht zur Einstellung von Arbeitskräften, die Unabhängigkeit des Unternehmers von staatlicher Wirtschaftsplanung, die freie Festsetzung von Preisen und die Teilnahme am Außenwirtschaftsverkehr. Nach 70 Jahren Planwirtschaft scheint auch ein Wandel in der Denkweise in Gang zu kommen. So stellt eine Studie des Instituts für Soziologie der Akademie der Wissenschaften bei einer Meinungsumfrage fest: Eine Mehrheit der Beschäftigten plädiert für die Einführung der Marktwirtschaft. Nur 25,9 Prozent wollten weiterhin in staatlichen Betrieben arbeiten. Die große Mehrheit bevorzugt Privatunternehmen. 19,7 Prozent erwägen sogar, sich selbständig zu machen.

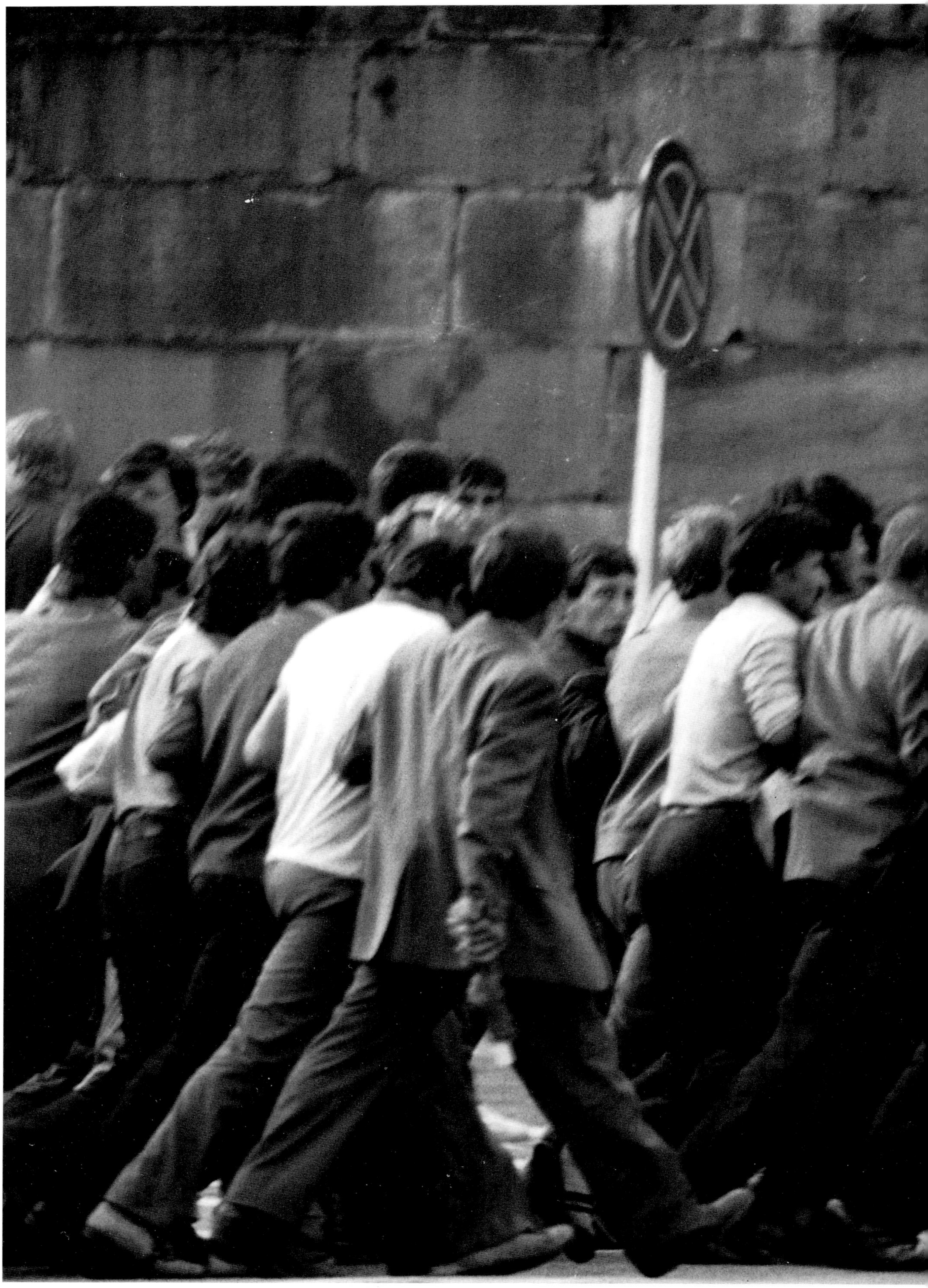

Krim-Tataren fordern Recht auf Heimat

Am Roten Platz in Moskau demonstrieren Krim-Tataren für die Heimkehr in ihre angestammten Siedlungsgebiete. Stalin hatte sie während des Zweiten Weltkrieges wegen angeblicher Kollaboration mit den Deutschen nach Mittelasien deportieren lassen. Nun fordern sie aufgebracht die Wiedergutmachung des stalinistischen Unrechts. Die Demonstration der Krim-Tataren am 25. Juli 1987 ist der Beginn der immer fanatischer aufbrechenden Nationalitäten-Konflikte im Vielvölkerstaat Sowjetunion. Ein Jahr später dürfen die Krim-Tataren in ihre Heimat zurückkehren, erhalten aber keine politische Autonomie.

Die Armee greift in den Bürgerkrieg ein

Truppen der sowjetischen Armee marschieren in Aserbaidschan am östlichen Ausläufer des Kaukasus ein, um den seit Monaten anhaltenden Auseinandersetzungen zwischen moslemischen Aserbaidschanern und christlichen Armeniern in Baku ein Ende zu bereiten. Die Parteichefs in Eriwan und Baku werden abgelöst. Zeitweise wird in weiten Gebieten beider Republiken eine Ausgangssperre verhängt. Doch die Armee kann den Bürger- und Glaubenskrieg nur mit Mühe begrenzen. Immer wieder kommt es zu furchtbaren Metzeleien, die seit 1987 mehr als tausend Tote forderten.

111

„Nieder mit der Moskauer Diktatur!"

Unter dem hochaufragenden Denkmal Lenins strömen im September 1989 mehrere hunderttausend Menschen in der aserbaidschanischen Hauptstadt Baku zu einer Massenkundgebung auf dem Hauptplatz der Stadt zusammen. Aufgeputscht durch den mörderischen Kampf um die überwiegend von Armeniern bewohnte Enklave Berg-Karabach, fordert die Menge die Befreiung ihrer Republik von der „Moskauer Diktatur". In fast allen fünfzehn Sowjetrepubliken führt die schwindende Macht der Zentralregierung nun zu nationalistischen Kundgebungen. Gorbatschow muß das Auseinanderbrechen der Großmacht Sowjetunion befürchten.

113

„Wir glauben an dich!"

Die Völkerschaften der verschiedenen Sowjetrepubliken nehmen Michail Gorbatschow beim Wort: Im Namen der Perestrojka kämpfen sie für mehr nationale Eigenständigkeit. Die baltischen Republiken Litauen, Lettland und Estland werden zu Vorreitern der wie ein Buschfeuer um sich greifenden Absetzbewegung von der einst alles beherrschenden Unionszentrale in Moskau. In der estnischen Hauptstadt Tallinn (Reval) lassen sich immer weniger Bürger von dem brutalen Vorgehen der Sondertruppen des Moskauer Innenministeriums einschüchtern. In unübersehbaren Massen beteiligen sie sich an den eindrucksvollen Straßendemonstrationen. Auf Plakaten fordern sie ihren Ministerpräsidenten Indrek Toome zur Standhaftigkeit auf: „Wir unterstützen dich und glauben an dich!"

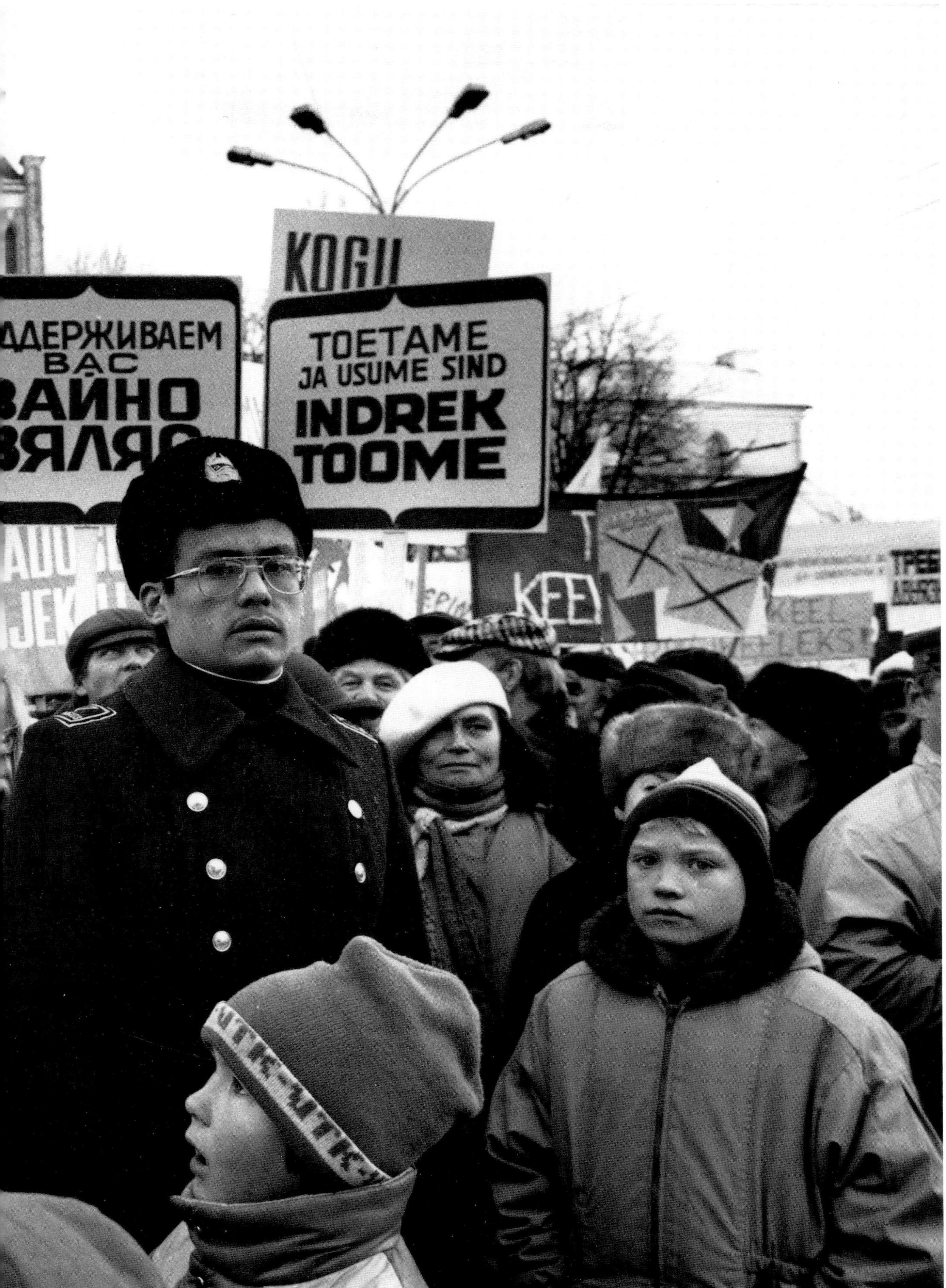
KOGU
ВАС
TOETAME
JA USUME SIND
INDREK
TOOME
KEEL

Gestorben für eine eigene Republik

Totenklage am offenen Sarg eines Opfers der Kämpfe in Moldawien (Moldau-Republik). Im Zuge der Absetzbewegung von Moskau brechen auch in dieser kleinen, an Rumänien grenzenden Republik, die als Obst- und Gemüsegarten der Sowjetunion gilt, „brudermörderische Konflikte" (Iswestija) auf zwischen rumänischstämmigen Moldawiern sowie Russen, Ukrainern und türkisch-stämmigen Gargausen. Die einen wollen die von der Union losgelöste Republik erhalten, die anderen rufen eine „Dnjestr-Republik" und sogar noch eine „Gargausische Republik" aus. Im November 1990 kommt es zu einem Blutbad in der überwiegend von Russen und Ukrainern bewohnten Stadt Dubossary am linken Dnjestr-Ufer. Die nationalen Autonomie-Kämpfe entzünden sich u. a. auch am Sprachenstreit: Stalin hatte 1944 der Bevölkerung Moldawiens die russisch-kyrillische Schrift verordnet. Nach den ersten freien Parlamentswahlen im Frühjahr 1990 führte die siegreiche „Moldauische Volksfront" wieder die rumänische Sprache und das lateinische Alphabet ein.

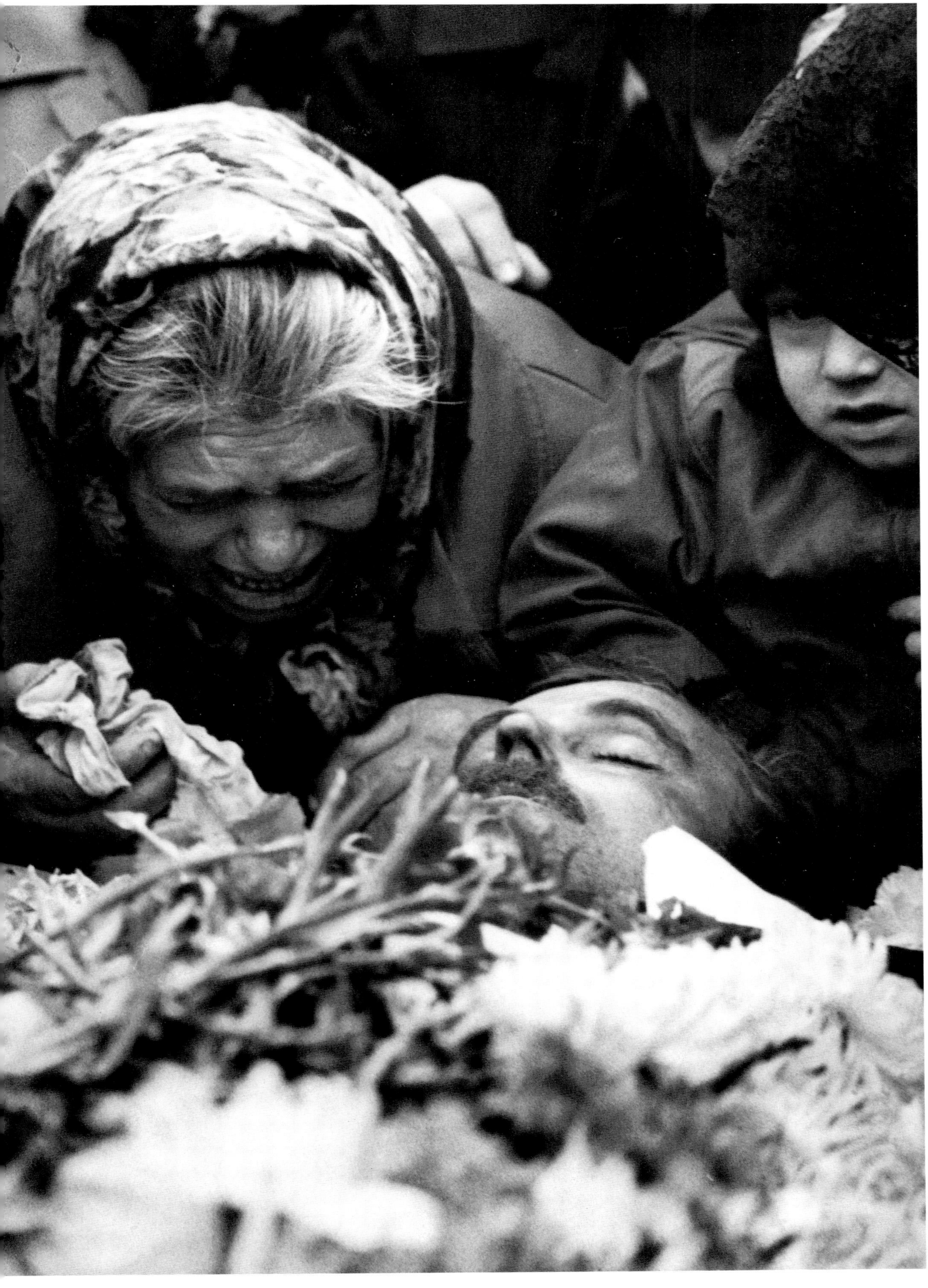

Die Ukraine kehrt in die Geschichte zurück

Auf einer von KP-Funktionären organisierten Kundgebung gegen Gorbatschows Reformpolitik im Fußballstadion von Kiew treten im September 1989 zum ersten Mal Mitglieder der kurz zuvor gegründeten „Ukrainischen Nationalbewegung" (Ruch) mit antikommunistischen Plakaten auf: „In der Ukraine völlige Umgestaltung". Die Bewegung erhält rasch großen Zulauf. Der jahrhundertelang von Rußland unterdrückte Anspruch auf Eigenstaatlichkeit erfaßt das ganze Land, das als Kornkammer, Rohstofflieferant und Industriezentrum einer der wichtigsten Pfeiler für die Wirtschaft der Sowjetunion ist. Bei den Wahlen im Dezember 1991 stimmen 90,85 Prozent der ukrainischen Wähler für die Unabhängigkeit ihrer Republik. Der neugewählte Präsident Krawtschuk lehnt einen Beitritt zu der von Gorbatschow angestrebten Union Souveräner Staaten ab, selbstbewußt verkündet er: „Die Ukraine ist in die europäische Geschichte zurückgekehrt."

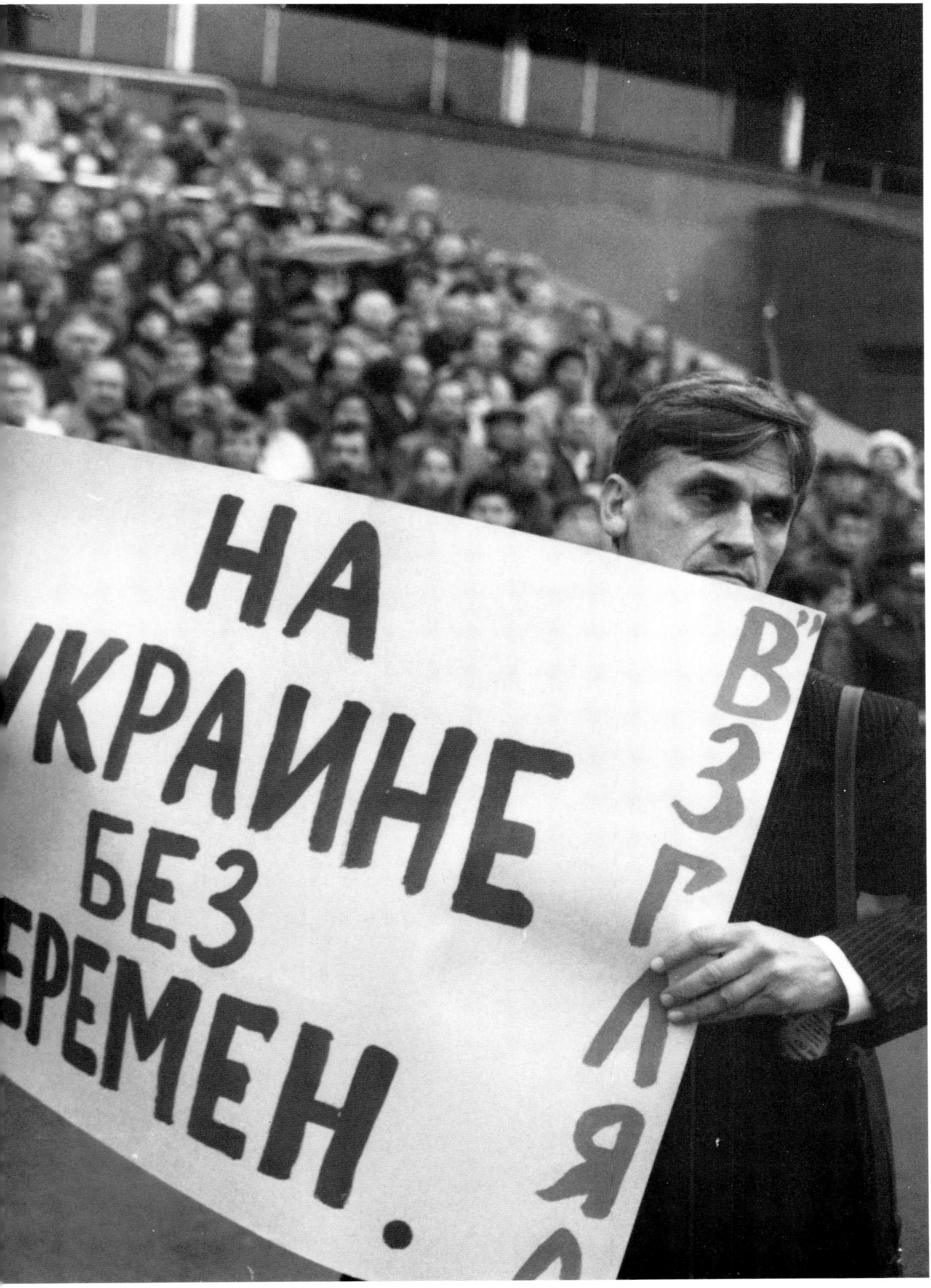
НА
КРАИНЕ
БЕЗ
ЕРЕМЕН.
В"ЗГЛЯ

Der Ostblock bricht auseinander

Gorbatschows Reformkurs des „neuen Denkens" fällt auch in den Satellitenstaaten auf fruchtbaren Boden. In einer schier unglaublichen Kettenreaktion bricht im „Schicksalsjahr" 1989 der kommunistische Ostblock auseinander. In Polen werden im Februar am Runden Tisch, an dem nun auch Vertreter der verbotenen Gewerkschaft Solidarität unter Lech Walesa sitzen, freie Wahlen vorbereitet, bei denen dann im Juni alle kommunistischen Regierungsvertreter durchfallen. In Ungarn beschließt die KP ihre Selbstauflösung, die Reformregierung baut den Eisernen Vorhang zu Österreich ab, eine Massenflucht von DDR-Urlaubern setzt ein. In der DDR fegt die friedliche Revolution Erich Honecker aus dem Amt, zwei Wochen darauf fällt die Mauer. In Prag kapituliert die kommunistische Regierung vor den Massenkundgebungen der Bürger, der jahrelang inhaftierte Dichter Vaclav Havel und die Symbolfigur des „Prager Frühling" von 1968, Alexander Dubček, sind die neuen Hoffnungsträger der tschechoslowakischen Freiheitsbewegung. Und auch in Bulgarien, Rumänien und Albanien werden die kommunistischen Machthaber gestürzt. Der Warschauer Pakt muß seine eigene „Beerdigung" einleiten.

120

Deutschland, November 1989: Die DDR-Mauer fällt, Freudentaumel in Berlin (oben links).

Ungarn, August 1989: Milizsoldaten reißen die Grenzbefestigungen zu Österreich ein (unten links).

Polen, Februar 1989: Runder Tisch in Warschau, Oppositionsführer Lech Walesa ist auch dabei (oben rechts).

Tschechoslowakei, November 1989: Die Kommunisten geben auf, Dubček und Havel weisen den neuen Weg (unten rechts).

Wohin führt der Weg?

Eine Lawine von Umbrüchen — Das Ende der Sowjetunion und der neue Staatenbund GUS

Der Putsch vom August des Jahres 1991 und seine Zerschlagung bezeichnen das Ende der Periode evolutionärer Veränderungen in der UdSSR. Die Evolution wurde abgelöst von der Revolution, der — wie bei jeder Revolution — eine Lawine von Ereignissen folgte.

Die Kräfteverhältnisse veränderten sich einschneidend. Die Unionsführung wurde unterminiert, und das war, wie sich bald herausstellte, für diese verhängnisvoll. Die Rolle der Republiken, besonders Rußlands, wuchs. Die Tätigkeit der Kommunistischen Partei wurde eingestellt, eine Reihe von Zeitungen geschlossen (zu meinem persönlichen Bedauern jedoch nicht auf Dauer). Die Archive von KGB und Kommunistischer Partei gingen über in die Hände russischer Einrichtungen des Archivwesens. Das „große Parlament" — der Kongreß der Volksdeputierten der UdSSR — löste sich selbst auf.

Die Führer der UdSSR, Rußlands und der anderen Republiken übten sich in einer Vielzahl von nicht immer sehr vernünftigen Erklärungen. Das politische Leben wurde noch chaotischer. Konflikte flackerten mal hier und mal da auf (die härtesten bei den Tschetschenen, im Süden Moldawiens und in Georgien). Die drei baltischen Republiken erklärten ihren Austritt aus der UdSSR, die Ukraine und eine ganze Zahl weiterer Republiken verkündeten ihre Unabhängigkeit. Die Republiken begannen, über die Probleme des künftigen Staatsaufbaus zu beraten. Im Dezember hörte die UdSSR auf zu existieren.

Die Liste der Ereignisse ließe sich fortsetzen, aber ich möchte mich auf etwas anderes konzentrieren, nämlich auf den Sinn und einige wichtige Besonderheiten der Ereignisse in der Zeit nach dem August 1991.

Die Verschwörer wollten die Evolution der Sowjetunion aus einem Imperium hin zu einer Föderation, schon gar zu einer Konföderation, verhindern. Erreicht haben sie eine weitere Beschleunigung des Zerfalls des riesigen Staates. Sie wollten das in seinen Grundfesten totalitäre politische System und dessen Rückgrat, die Kommunistische Partei, erhalten. Erreicht haben sie die Zuspitzung der Krise dieses Systems, und der Partei versetzten sie den Todesstoß. Die Verschwörer wollten die riesige Armee und die Militärindustrie bewahren, deren politischen Einfluß stärken und sie völlig der Kontrolle durch die Gesellschaft entziehen. Tatsächlich haben sie nicht nur die Oberschicht in Armee und Militärindustrie kompromittiert, sondern auch das militärische Establishment an den Rand des Zerfalls getrieben.

Ich bin weit davon entfernt, auch nur einen dieser „Verluste" — des Imperiums, des totalitären politischen Systems oder des Militarismus, der in der Sowjetunion ungeheuerliche Ausmaße angenommen hatte — zu bedauern. Der im Jahre 1985 begonnene Veränderungsprozeß war zweifellos gegen all das gerichtet. Ab August 1991 wurde aus dem langsamen, oftmals widersprüchlichen Prozeß eine Lawine, was, wie jedes andere bedeutsame politische Ereignis auch, positive und negative Seiten hatte.

Wichtigstes Plus war dabei, daß sich viele der konservativen Führer durch ihre Beteiligung am Putsch kompromittierten, und nicht nur als Einzelpersonen, sondern gleich als ganze gesellschaftliche Schicht — die Parteibürokraten, die Oberen aus der Generalität, die Führung von KGB und Innenministerium und die „Generäle" aus der Industrie (im Staatlichen Komitee für den Ausnahmezustand waren sie neben Premier Walentin Pawlow durch Oleg Baklanow und Alexander Tisjakow vertreten). Noch bedeutsamer ist, daß auch die auf Befriedung der rechten und ultrarechten Kräfte und endlose Zugeständnisse an diese gerichtete Politik kompromittiert wurde, die Gorbatschow seit dem Herbst 1990 selbst verfolgte. Damit wurden die Haupthindernisse auf dem Wege zu entscheidenden Veränderungen beseitigt.

Was die Schattenseiten betrifft, so ist festzustellen, daß die sich immer mehr beschleunigenden Veränderungen immer weniger vorhersehbar, nicht immer verständlich und schwer steuerbar geworden sind, manchmal sogar stabilitätsbedrohend. Mit einem Wort: Neue Möglichkeiten haben sich ergeben, und zusammen mit ihnen auch neue Gefahren.

Mit den Möglichkeiten möchte ich beginnen, zumal es bei uns im Lande eine ganz unglaubliche Fähigkeit gibt, vorhandene Chancen nicht zu nutzen. Unter diesem Blickwinkel könnte man sogar die gesamte Perestrojka einer besonderen Untersuchung unterziehen — als Periode ungenutzter Möglichkeiten. Gleiches gilt für die Zeit nach dem August-Putsch.

Ich spreche von Gorbatschow und Jelzin, aber auch von den Persönlichkeiten, die sich von Gorbatschow nach seiner Annäherung an die reaktionären Parteiführer zurückgezogen hatten — von Schewardnadse, Jakowlew, Bakatin und anderen. Auf der Welle des Sieges über die Verschwörer, im Triumph der Demokratie hat sich die Stimmung in der Öffentlichkeit in-

und des Separatismus begann Gorbatschow, diese Republik und das ganze Land mit allen möglichen Unglücksprophezeiungen einzuschüchtern. Nachdem das aber schon 1990 bei dem kleinen Litauen keine Wirkung gezeigt hatte, konnte er Ende des Jahres 1991 die große Ukraine schon gar nicht beeindrucken. Dafür verschärfte diese Linie die Spannungen in der ehemaligen Union.

Der andere Fehler war das Aktivitätsvakuum in Gorbatschows zentraler Wirtschafts-Administration. Das Ausbleiben jeglicher Aktivität, die Passivität gaben sogar Anlaß zu Gerüchten, Gorbatschow habe die Taktik geändert und warte nur darauf, daß die Führer der Republiken und vor allem Jelzin bei den ersten Schritten zu einer umfassenden Wirtschaftsreform ihr Ansehen verlieren, um dann Revanche zu nehmen...

In beiden spiegelte sich eine der Hauptschwächen Gorbatschows wider, nämlich seine ganz erstaunliche Halsstarrigkeit. Gorbatschow reagierte immer mit großer Verspätung, nachdem er alles versucht hatte, um etwas Bestimmtes nicht tun zu müssen. Er reagierte erst, wenn er mit dem Rücken zur Wand stand.

Ein weiterer Faktor, der Gorbatschows Rücktritt näherrücken ließ, betrifft die komplizierten, ich würde sagen explosiven persönlichen Beziehungen zwischen ihm und Jelzin. Hier möchte ich ein wenig abschweifen und genauer über den „großen Streit" der beiden bedeutenden sowjetischen Politiker berichten.

Anstifter des Streites war Gorbatschow. Im Oktober des Jahres 1987 hatte Jelzin im Prinzip nichts anderes getan als Schewardnadse im Jahre 1990. Er reichte seinen Rücktritt ein, und zwar als Zeichen des Protestes, daß nichts gegen die heraufziehende Bedrohung getan werde. Konkret protestierte Jelzin gegen die konservative Politik Ligatschows und die Verzögerung der Reformen. Gorbatschow reagierte darauf äußerst ungehalten und gab das Zeichen zu einer unerbittlichen, im Stile der Stalin-Ära geführten Kampagne gegen Jelzin und damit de facto zu seiner politischen Vernichtung. Auch später stellte er sich Jelzin mehr als einmal in den Weg: Im Mai 1990 sträubte er sich gegen seine Wahl zum Vorsitzenden des Obersten Sowjets der RSFSR, im März 1991 unterstützte er Jelzins Gegner im russischen Parlament und beorderte Truppen nach Moskau, um das von Demokraten zu Jelzins Unterstützung geplante große Meeting platzen zu lassen. Jelzin seinerseits hat darauf mehr als einmal mit Spitzen und Grobheiten geantwortet.

Es war Jelzin wohl bestimmt — ob zum Guten oder zum Schlechten, wird die Geschichte zeigen —, zur wahren Nemesis Gorbatschows zu werden. Obwohl letzterer alle Vorteile auf seiner Seite hatte — eine anfangs gewaltige Popularität im Lande und im Ausland, die ganze Macht des Staatsapparates, die Unterstützung durch die Massenmedien —, ging es für Jelzin bald unentwegt bergauf. Warum? Erstens trug nicht Jelzin, sondern Gorbatschow die gesamte Verantwortung für die sich immer weiter verschlechternde Lage im Lande. Zweitens legte Gorbatschow in bezug auf Jelzin eine solche Grimmigkeit und Härte an den Tag, daß sein Gegner in den Augen der Menschen sehr bald zum Märtyrer wurde. Rußland liebt Märtyrer. Drittens schließlich führte Gorbatschow seinen Kampf mit den Mitteln des Apparats, bediente sich also der üblichen bürokratischen Methoden und Intrigen. Jelzin dagegen, obwohl ebenfalls großgeworden im Apparat, führte den Kampf nach anderen Spielregeln, auf die Gorbatschow nicht vorbereitet war — er wandte sich direkt ans Volk, an den Mann auf der Straße, stellte sich mutig auf die Seite von Dissidenten, entlarvte die kleinen, schmutzigen Geheimnisse der bürokratischen Oberschicht (ihre Privilegien beispielsweise). All das trug ihm den Ruf eines Populisten ein. Und er *war* Populist. Allerdings nicht in dem Sinne, daß er dem Volke viel versprach — das tat er nicht —, sondern in dem Sinne, daß er intuitiv, also nicht nur mit dem Verstand, erfaßte, was die Menschen bewegte. Darüber sprach er mit ihnen, und er bemühte sich, die Wahrheit zu sagen — einfach, verständlich, ohne sie einzupacken in die Watte unendlicher Rhetorik.

Obwohl die Beziehungen zwischen den beiden Politikern äußerst kompliziert waren, bedeutete die Zerschlagung der Verschwörung auch deren „große Versöhnung". Leider erwies sie sich als nicht besonders dauerhaft, schon sehr bald begannen sich die Beziehungen wieder zu verschlechtern. Warum?

Ich denke, nicht nur aufgrund des schwierigen Charakters von Jelzin, auf den man im Westen gern verweist. Der wichtigere Grund bestand darin, daß sich Gorbatschow innerlich doch nicht mit der erheblichen Degradierung des Unionszentrums und vor allem des UdSSR-Präsidenten abfinden konnte. Ob dabei der Einfluß des alten „imperial-unionistischen" Denkens oder Gorbatschows Unwille, einen Teil seiner Macht abzugeben, überwog, wage ich nicht zu beurteilen.

Doch die Versuche zur „Restauration" des Zentrums — Erhalt möglichst vieler Ministerien und die Anbindung möglichst vieler Funktionen an politische Strukturen der Union (Verteidigungs- und Außenministerium, Staatliche Rundfunk- und Fernsehanstalt u.a.) — konnten der Aufmerksamkeit Jelzins wie auch der Präsidenten einer ganzen Reihe anderer Republiken nicht entgehen.

Gut möglich, daß Gorbatschow dafür auch noch andere Motive hatte. Die immer stärker werdenden Fliehkräfte im Lande mußten ihn beunruhigen, denn die Fehler in der Politik des Zentrums und der nachfolgende Putsch hatten diese Tendenzen tatsächlich bis an eine gefährliche Grenze anschwellen lassen. Aber mit gutem Zureden oder Kraftakten war der Geist nicht mehr in die Flasche zurückzutreiben, aus der er schon geschlüpft war. Aber Gorbatschow wollte oder konnte sich nicht darauf einstellen — womit er den Zerfall der Union, des Zentrums und seinen eigenen Rücktritt nur noch beschleunigte.

Zurückgetreten ist er mit Würde, als ein Mensch, der mit Recht einen herausragenden Platz in der Geschichte des Landes, ja der Weltgeschichte verdient. Meine kritischen Bemerkungen zielen auch nicht darauf ab, seine Rolle und seine Verdienste zu schmälern. Ich möchte lediglich zu erklären versuchen, warum ein Mensch mit solchen Verdiensten die politische Bühne verlassen hat.

Die Gorbatschow-Ära hat mich in der Überzeugung bestärkt, daß jeder führende Politiker seine „Periode der Nützlichkeit" hat, selbst der beste und herausragendste. Hat er diese Periode ausgeschöpft, schwindet sein politischer Einfluß.

Das muß man wohl mit Gelassenheit nehmen. Gorbatschow, das möchte ich wiederholen, hat eine wichtige geschichtliche Rolle gespielt und seinen Platz in der Politik eingenommen. Wie bedeutend dieser Platz sein wird, wie die Nachfahren seine Verdienste einschätzen werden, das hängt nun nicht mehr von ihm ab, sondern vor allem davon, wie sich die Dinge in der ehemaligen Sowjetunion und in der Welt entwickeln. Die Karriere eines Staatsmannes endet nicht mit seinem Rücktritt.

Nun zu Jelzin. Nach seiner Rückkehr aus dem Urlaub begriff er sehr schnell, daß die Öffentlichkeit enttäuscht auf die Verzögerung der Reformen und das offensichtliche Chaos und die inneren Reibereien in der russischen Führung reagierte. Er kam zu dem Schluß, daß schnelles und entschiedenes Handeln angesagt ist.

Das war eine richtige Schlußfolgerung. Unentschuldbar viel Zeit war bereits verloren, die politische Geduld der Bevölkerung erschöpft. Aber für die verlorene Zeit mußte bezahlt werden, indem die Diskussion und Bearbeitung der Wirtschaftsreform nicht so gründlich vorbereitet wurden, wie das erforderlich war.

Trotzdem entschied sich Jelzin für den radikalsten aller Reformpläne, den riskantesten und schmerzhaftesten, einen chirurgischen sozusagen, der die sofortige Liberalisierung der Preise vorsah. Bei aller Achtung vor Jelzins Mut muß ich sagen, daß ich bezüglich dieses Vorhabens ernsthafte Zweifel hege. Aber ich bin fest davon überzeugt, daß es noch gefährlicher gewesen wäre, weiterhin nichts zu tun. Ein beschlossenes Programm ist — bei allem Risiko — vorzuziehen, natürlich nur unter der Bedingung, daß der Reformplan je nach Gang der Dinge und in dem Maße, wie Schwierigkeiten und Probleme sichtbar werden, auch korrigiert wird, wenn nötig, ganz radikal und ohne Verzögerung.

Wie auch immer, Jelzin entschied sich für das mutige Programm, den Versuch, zum Markt durchzubrechen, also dafür, wofür sich Gorbatschow im Laufe mehrerer Jahre nicht hatte entscheiden können. Sein Zögern hatte die Wirtschaft des Landes schließlich in eine tiefe Krise gestürzt.

Mut und Entscheidungsfreude bewies Jelzin auch bei einer anderen offenen Frage — der Frage nach dem Schicksal der Union. Seine Ausgangsposition bestand darin, daß die Republiken souveräne Staaten werden, dabei jedoch freiwillig einer Union angehören sollten, einer Union — das betrachtete er als außerordentlich wichtig — mit einer in ihren Vollmachten streng begrenzten Zentralregierung. Es mag geteilte Meinungen darüber geben, ob dieser Standpunkt richtig oder falsch ist (ich glaube, er ist richtig), aber es war der einzig realistische. Etwas anderem hätten die Republiken nicht zugestimmt. Sie mit Gewalt dazu zu bringen, hätte geheißen, in die totalitäre Vergangenheit zurückzukehren. Doch ein auf Gewalt fußendes Imperium und demokratische Reformen sind unvereinbar.

Das erste, im Sommer vollendete Projekt des Unionsvertrages, sah eine Variante einer solchen Union vor, ein Mittelding zwischen Föderation und Konföderation. Der Putsch machte daraus Makulatur. Am 14. November 1991 wurde in Nowo-Ogarjowo ein neues Projekt erarbeitet, das bereits eine Konföderation, die Union Souveräner Staaten, vorsah. Nach dem Treffen brachte Jelzin seine feste Überzeugung zum Ausdruck, daß es die Union geben werde. Doch einige Republiken begannen zu schwanken. Wenige Tage später erklärte Leonid Krawtschuk, daß die Ukraine den Vertrag nicht unterzeichnen werde. Damit war eine Situation entstanden, die nicht mehr viele Möglichkeiten offenließ.

Eine davon — den Vertrag ohne die Ukraine zu unterschreiben — hätte sowohl den Vertrag als auch die auf seiner Basis geschaffene Union in starkem Maße entwertet und für Rußland seine Zweckmäßigkeit überhaupt in Frage gestellt. Das wollte auch Gorbatschow nicht. Eine weitere Möglichkeit wäre gewesen, Druck auf die Ukraine auszuüben, damit sie den Vertrag unterschreibe. Nach den Reden Gorbatschows zu urteilen, nahm der Präsident wohl diesen Standpunkt ein. Die dritte Möglichkeit war, nach etwas anderem, für alle Annehmbaren zu suchen — sei es auch um den Preis noch lockerer Bindungen zwischen den vereinigten Republiken. Eine weitere Schwächung des Zentrums war der Preis hierfür. Wie sich bald herausstellte, war das die Position Jelzins — und darauf einzugehen waren die Ukraine und Weißrußland und in deren Gefolge auch alle anderen Republiken bereit. So wurde am 8. Dezember 1991 die Gemeinschaft Unabhängiger Staaten geboren.

Ich nehme an, daß Jelzin auch hier die richtige Entscheidung getroffen hat. Er hatte ja nicht die Wahl zwischen Föderation (Konföderation) und Staatengemeinschaft. Es ging vielmehr um die völlige Zerstörung aller Bindungen und Gemeinschaftsbeziehungen zwischen den Republiken — und den Versuch, eine allseits annehmbare Form der Zusammenarbeit zu finden, die Möglichkeiten eines engeren Zusammenwachsens für die Zukunft offenließ.

Auch hier ging es natürlich nicht ohne Fehlschläge ab. Es gab Anlaß für den Unmut Kasachstans und anderer Republiken, Anlaß für ernsthafte Verärgerung Gorbatschows und der Unionsführung. Offenbar war das Rechtsprozedere nicht sonderlich gut durchdacht. Schlimmer noch ist, daß weder in Minsk noch später in Alma-Ata konkretere Absprachen zu den aktuellen Fragen — Wirtschaft und Finanzen, Streitkräfte, Energiewirtschaft — erreicht werden konnten. Das ändert aber nichts daran, daß die Wahl selbst richtig war, auch wenn sie keine volle Garantie auf Er-

zwischen erheblich gewandelt, der Glaube an die eigene Kraft ist gewachsen, politische Energien und die Bereitschaft, sich aktiv am Kampf um Veränderungen zu beteiligen, wurden nachhaltig geweckt. Und noch etwas: Da sich der Putsch in erheblichem Maße gegen den neuen Unionsvertrag richtete, der den Republiken weitaus größere Selbständigkeit einräumen sollte, eröffnete die Niederschlagung des Putsches auch auf diesem Gebiet günstige Bedingungen für eine Vorwärtsentwicklung. Hinzufügen sollte man noch den Zuwachs an Sympathien für die Sowjetunion und an den Glauben in die Zukunft der Perestrojka bei den Menschen im westlichen Ausland. Mit einem Wort: Es waren außerordentlich günstige politische Bedingungen für demokratische Reformen entstanden.

Und wie wurde diese einzigartige Chance nun genutzt? Um ehrlich zu sein — wenig effektiv. Die Verantwortung dafür tragen alle — Gorbatschow, die Demokraten, Jelzin. Fehler wurden vom allerersten Tage an gemacht.

Ich fange bei Gorbatschow an. Sein erster großer Mißerfolg war, daß er am 21. August völlig desorientiert, ohne Verständnis für die Stimmung in der Gesellschaft und ohne zu wissen, wie er sich in dieser Lage verhalten sollte, nach Moskau zurückkehrte. Die seltene Chance, die eigene Popularität wiederherzustellen, wurde vertan.

Wo lag der Irrtum? Mein Eindruck ist, daß Gorbatschow sich als Märtyrer, vielleicht sogar ein bißchen als Held fühlte. Als Märtyrer, weil man ihn, den Präsidenten einer Supermacht, verraten, ihn zusammen mit seiner Familie eingesperrt und bedroht hatte. Als Held, weil er es abgelehnt hatte, die Rücktrittserklärung zu unterschreiben und sich den Verschwörern anzuschließen, und weil er sie ganz im Gegenteil entlarvt und in harten Worten bloßgestellt hatte.

Doch die öffentliche Meinung, obwohl positiv gegenüber Gorbatschow und während der Tage des Putsches auf seiner Seite, sah die Ereignisse ganz anders. Die Menschen, die die Okkupation Moskaus und die Gefahr der Okkupation anderer Städte, Barrikaden und Blutvergießen (zum Glück nur mit wenigen Opfern) erlebt und die neuerliche Bedrohung durch die verhaßte Despotie gespürt hatten, die ohne Waffen die größte Armee und Geheimpolizei der Welt besiegten, sie sahen in Gorbatschow weder einen Märtyrer noch einen Helden — bei allem Wohlwollen ihm gegenüber.

Sie erwarteten von dem in ein anderes Moskau, ein anderes Land (was er nicht begriff) zurückgekehrten Gorbatschow nicht Berichte über seine persönlichen Wunden und Leiden — unter Hausarrest zwar, aber in Sicherheit und auf einer Komfortdatsche —, sondern Reue und ehrliche Worte. Reue darüber, daß er den Putsch zugelassen hatte, daß durch seine Nachlässigkeit und die von ihm gemachten Fehler das ganze Land und die gerade erst geborene Demokratie an den Rand des Abgrunds getrieben worden waren. Reue auch darüber, daß er, Gorbatschow, sich mit Leuten umgeben hatte, die ihn nicht nur als Präsident verrieten, sondern auch der Demokratie und Reformen aus tiefster Seele feindlich gegenüberstanden. Er hatte auf Warnungen nicht gehört, weder von seiten solch enger Mitstreiter wie Schewardnadse und Jakowlew, noch seitens ausländischer Führer oder der vielen anderen, den Autor dieses Artikels eingeschlossen. Außerdem begann er ab Herbst 1990 einen Mechanismus, eine Maschine der militärisch-politischen Diktatur zu schaffen, die ihm die Verschwörer nur noch aus den Händen reißen mußten.

Doch nicht nur Reue erwarteten die Menschen von ihrem Präsidenten, sondern auch ein offenes, ehrliches Gespräch — über die Zukunft, die Politik, darüber, wie es weitergehen sollte. Jene drei Augusttage hatten die Menschen eingestimmt auf radikale politische und wirtschaftliche Veränderungen. Gorbatschow predigte ihnen statt dessen in traditioneller Wortwahl über die sozialistische Alternative und die Unverrückbarkeit seiner Ansichten.

An dem Tag nach seiner Rückkehr fand auf dem Platz vor dem „Weißen Haus", in unmittelbarer Nähe der Barrikaden, ein Meeting zu Ehren des Sieges statt — rund 200 000 Menschen nahmen daran teil. Die Veranstaltung wurde vom Fernsehen ins ganze Land, ja in die ganze Welt übertragen. Wäre Gorbatschow dorthin gekommen, hätte er zu den Menschen gesprochen, die Demokratie und Verfassung, ihn persönlich und seine Familie verteidigt hatten, gesprochen mit Worten der Dankbarkeit und der Reue, hätte er gesagt, daß er ganz entschieden Schluß macht mit der Politik des Taktierens, der unendlichen Verzögerungen und Halbheiten, hätte er dies alles getan, so hätte er eine neue Glaubwürdigkeit nicht nur für sich persönlich, sondern auch für die Reformpolitik gewonnen. Gorbatschow jedoch ist nicht zu der Siegesfeier gekommen — statt dessen redete er am Abend ermüdend und in der Sache falsch auf einer Pressekonferenz und trat am nächsten Morgen im russischen Parlament auf. Schlecht vorbereitet gelang es ihm dort nicht, auf die neue Situation glaubwürdig einzugehen.

Es gab noch einen weiteren Fehlschlag in jenen ersten, ungeheuer wichtigen Stunden nach dem Putsch: die eilige Besetzung der Posten des Verteidigungs- und des Innenministers sowie des KGB-Chefs mit Personen aus der zweiten Reihe der jeweiligen Institutionen — mit Personen, die sehr wohl auch verdächtig waren, den Putsch unterstützt zu haben. Nicht glauben möchte ich an die Version unserer Presse, daß dies mit Vorsatz geschehen sei, um die Vernichtung der am stärksten kompromittierenden Dokumente zu ermöglichen. Wie dem auch sei, es war ein Fehler, der den Präsidenten der UdSSR teuer zu stehen kam, auch wenn er zwei Tage später berichtigt wurde.

Ein Fehler war es auch, sich in jenen Tagen schützend vor den Parlamentspräsidenten Lukjanow, den Vize-Premier Stscherbakow und einige andere Leute zu stellen, die sich entweder direkt am Putsch beteiligt oder mit den Verschwörern zusammengearbeitet hatten. Zu einem Hauptthema in Gorbatschows Auftritten wurden Beschwörungen der Art, nur keine „Hexenjagd" zu beginnen. Zu jenem Zeitpunkt gab es dazu gar keine Veranlassung. Deshalb mußten die Be-

123

schwörungen so aussehen, als sollten bestimmte Leute vor der Verantwortung bewahrt werden.

Kurz, das nach dem Putsch völlig anders gewordene Land erlebte in jenen ersten Tagen einen nicht gewandelten Gorbatschow. Als ein mit feinem politischen Spürsinn ausgestatteter Mensch erfaßte er die Situation zwar sehr schnell und ließ es zu keiner Wiederholung der Fehler kommen, aber der günstigste Moment, um neue Beziehungen zur Gesellschaft aufzubauen, war vertan.

Was die Demokraten angeht, also den breiten Kreis demokratisch gesinnter Personen in den Parlamenten Rußlands und der UdSSR sowie führende Journalisten, Wissenschaftler und Schriftsteller, die sich aktiv für Reformen eingesetzt und Jelzin in den Tagen der Krise beharrlich unterstützt hatten, so befanden sie sich verständlicherweise im Zustand der Siegeseuphorie. Sie griffen das Gorbatschowsche Thema von der Unzulässigkeit einer „Hexenjagd" auf und setzten sich aktiv gegen die Schließung der anrüchigsten rechten (inklusive der ihrem Wesen nach faschistischen) Zeitungen und Zeitschriften ein. So konnten diese Zeitungen und Zeitschriften, ebenso wie die für ihre militaristische Ausrichtung bekannte Fernsehsendung von A. Newsorow, weiterhin verbreitet werden. Haß, nationalistische Feindbilder und Rassenvorurteile wurden weiterhin gepredigt, Militarismus und Imperium gepriesen.

Ich bin der Ansicht, daß diese gemeinsamen Bemühungen Gorbatschows und der Demokraten, so sehr sie auch von aufrichtigen und edlen Motiven bestimmt gewesen sein mögen, negative Folgen hatten. Die Chance, sich wenigstens auf den allerhöchsten Rängen von den Anhängern des Totalitarismus zu befreien, wurde vertan. Viele Betonköpfe verblieben auf ziemlich einflußreichen Posten. Auch der Propagandaapparat jener rechten politischen Kräfte, die den Putsch vorbereitet und durchgeführt haben, blieb fast vollständig erhalten.

Die Mär von der völligen Unfähigkeit der Verschwörer und vom vorbestimmten Scheitern ihres Unternehmens hat nach dem Sieg eine ziemliche Verbreitung gefunden. Bei vielen Menschen (zu denen auch ich gehöre) lösten solche Einschätzungen jedoch ernste Beunruhigung aus.

Tatsächlich war das Scheitern des Putsches ganz und gar nicht vorbestimmt, und die Verschwörung wurde — neben der Dummheit ihrer Organisatoren und dem Mut vieler tausend Moskauer — dank glücklicher Zufälle niedergeschlagen. War es nicht reiner Zufall, daß Jelzin nicht verhaftet wurde? Daß sich kein Provokateur und kein Entnervter fand, der das Feuer auf die ohnehin am Rande der psychologischen Detonation stehenden Soldaten eröffnete? Nicht nur einmal kamen mir Parallelen zu Deutschland in den Sinn. Der „Bierputsch" in München war Parodie und Operette, doch Hitler und seine Anhänger konnten daraus viel lernen und unter Ausnutzung der Sorglosigkeit der Gesellschaft und der tiefen wirtschaftlichen und sozialen Krise (die auch bei uns in vollem Gange ist!) sehr bald die Macht ergreifen…

Nun zu Boris Jelzin, dem Haupthelden des Widerstandes gegen die Verschwörer. Natürlich hat er eine herausragende Rolle gespielt, hat tatsächlich sein Leben riskiert und tatsächlich gesiegt, womit er Rußland und die ganze Sowjetunion vor der Rückkehr zum Totalitarismus bewahrt hat und die gesamte übrige Welt vor großen Problemen und Unannehmlichkeiten. Denn ein Sieg der Putschisten hätte den Sieg nicht nur der Reaktion, sondern auch des Militarismus in dem riesigen Land bedeutet. Das gab ihm Selbstsicherheit und stärkte seine Unterstützung durch die Massen.

Seine ersten Schritte gleich nach dem Sieg gaben auch Anlaß zu glauben, daß er damit werde umgehen können. Er traf in jenen Tagen eine Vielzahl wichtiger Entscheidungen — er überzeugte Gorbatschow, die Leitung der Schlüsselministerien anderen Personen zu übertragen, vermochte es, eine Einigung über das Vorgehen bei der „Demontage" jener Teile des Unionszentrums herbeizuführen, die eine Bedrohung für die demokratischen Veränderungen darstellten (darunter insbesondere die Kommunistische Partei und der Oberste Sowjet der Union), und er verständigte sich mit Gorbatschow, Krawtschuk und Nasarbajew über die „Spielregeln" in der Übergangszeit.

Doch eben jener glänzende Sieg schuf auch die bekannte euphorische Stimmung. Auch Jelzin konnte nicht ganz widerstehen, um so mehr, als Erschöpfung und nervliche Anspannung sich bemerkbar machten und er Herzprobleme bekam. Der russische Führer, jetzt einer der beiden wichtigsten Führer im ganzen riesigen damals noch Sowjetunion genannten Land, fuhr in den Erholungsurlaub (vom 26. September bis zum 10. Oktober). Er fuhr weg, ohne eine Reihe dringlicher Fragen gelöst und dabei insbesondere in der neuen, noch schlecht organisierten russischen Führung Ordnung geschaffen zu haben. So begannen schnell die Zwistigkeiten. Schlimmer noch: Die Entwicklung wurde gebremst — die Zeit war verloren. Gorbatschow, die Demokraten, Jelzin — jeder trägt seinen Teil der Verantwortung dafür, daß die im Siege des August geborenen Veränderungspotentiale nicht wirklich genutzt wurden. Das ist kein nicht wieder gutzumachendes Unglück, aber ein spürbarer Verlust.

So also sieht die Bilanz seit dem August 1991 aus. Vorauseilend möchte ich sagen, daß wir zum Zeitpunkt, da diese Zeilen geschrieben werden — das ist Mitte Januar 1992 —, noch immer recht gute Chancen haben, den Gang der Ereignisse in eine konstruktive Richtung zu lenken.

Ich beginne wieder mit Gorbatschow. Leider wurden auch die verringerten Möglichkeiten, die ihm verblieben, nicht in der erforderlichen Weise genutzt. Zwei Fehler erwiesen sich als besonders verhängnisvoll.

Der eine hat zu tun mit einer falschen Einstellung zu den Republiken, zu der für mein Land sehr wichtigen „nationalen Frage", wie sie bei uns genannt wird. Konkret ging es diesmal um die Ukraine. Angesichts des wachsenden Strebens nach völliger Unabhängigkeit

folg bietet und noch weniger vor Schwierigkeiten, Streit oder Konfliktsituationen schützt. Etwas anderes war aber unter Berücksichtigung der komplizierten Aufgaben, des großen Zeitverlustes und der unzähligen in der Vergangenheit gemachten Fehler gar nicht zu erwarten. Vor den Mitgliedern der GUS stehen nicht nur im wirtschaftlichen Bereich besonders komplizierte Probleme. Wie soll man gegenseitige Warenlieferungen absichern? Nach welchen Preisen miteinander handeln — den alten, den innerhalb der Union gültigen oder nach Weltmarktpreisen? Den Rubel als einheitliche Währung erhalten oder in jeder Republik eine eigene Währung einführen? Wie den Wechselkurs zwischen diesen Währungen bestimmen?

Komplizierte und gefährliche Fragen ergeben sich auch daraus, daß es vom ersten Tage an das Schicksal des riesigen Militärpotentials der ehemaligen UdSSR, unter anderem des Kernwaffenpotentials, zu regeln gilt. Wie kann es verringert, kontrolliert, wie geteilt werden? Aber das sind eben die realen Rahmenbedingungen. Zur Wahl standen drei Möglichkeiten: Eine lose Gemeinschaft zu gründen, auf einem engeren Zusammenschluß zu bestehen oder den Versuch einer Vereinigung ganz aufzugeben. Unter diesen Bedingungen wird sich auch das Werden der Gemeinschaft vollziehen, seine Ausformung als sozialer und politischer Organismus.

Die Schwierigkeiten sind bereits jetzt zu sehen. Die Probleme lassen die Verlockung wachsen, die GUS gleich am Anfang als Mißerfolg abzutun. Aber das ist unseriös. Es sei daran erinnert, daß die USA vom Status der Konföderation bis zur Verfassung zwölf Jahre gebraucht haben. Und wieviel Zeit hat das noch lange nicht vollendete Zusammenwachsen der Europäischen Gemeinschaft in Anspruch genommen?

Natürlich kann niemand für den Erfolg der Gemeinschaft Unabhängiger Staaten oder der Wirtschaftsreform in Rußland und den anderen Republiken garantieren. Doch unter Einschätzung der Lage möchte ich sagen, daß wir in das Jahr 1992 mit größeren Erfolgschancen eintreten als ein Jahr zuvor. Der Weg zum Erfolg wird schwer werden. Ich bin nicht überzeugt, daß wir nicht vom Wege abkommen werden, aber die ersten, sehr schwierigen und schmerzhaften Schritte sind getan. Das bedeutet, daß die Zeit nach dem August-Putsch — trotz all der ungenutzten Möglichkeiten — nicht ohne Ergebnis, die unternommenen Anstrengungen nicht erfolglos waren.

Von uns allen werden weitere riesige Anstrengungen verlangt werden, um das Begonnene erfolgreich zu Ende zu führen. Aber ich bin überzeugt, daß der Ausgang auch dem Westen nicht gleichgültig ist. Er kann die Veränderungen zwar nicht für uns vollziehen, aber er kann uns wirkungsvoll helfen, uns selber zu helfen. Ich spreche hier nicht von Finanz- oder Lebensmittelhilfe, obwohl sie sich im Falle ernster Schwierigkeiten als nötig erweisen kann. Für uns, für das an natürlichen und intellektuellen Reserven so reiche Land, ist jetzt etwas anderes wichtig — Wissen, Erfahrung, Know-how, die der Westen in vielen Bereichen angesammelt hat. Ein Wirtschaftsdenken, wie wir es jetzt gerade für uns entdecken. Marktwirtschaft zum Beispiel und deren grundlegende Institutionen wie Börse, Banken, Antimonopol-Politik, Wirtschaftsgesetzgebung, moderne Systeme des Handels und der Buchführung. Ebenso die Erfahrung parlamentarischer Tätigkeit und des Mehrparteiensystems, des Föderalismus, der regionalen Selbstbestimmung, von Gerichtsbarkeit und Anwaltschaft und vielem anderen mehr.

Der Westen kann jetzt auch eine wichtige Rolle bei der Stabilisierung der Lage auf dem Territorium der ehemaligen Sowjetunion spielen. Eine unserer wichtigsten Aufgaben ist die Demontage der Kriegsmaschinerie, die in den Jahren des „Kalten Krieges" — und das nicht ohne Beteiligung des Westens — ungeheuerliche Ausmaße angenommen hat, und deren Reduktion auf ein dem Bedürfnis nach Verteidigung angemessenes Maß. Auf das Tempo der Entmilitarisierung hat die Politik des Westens indirekt, aber sehr effektiv Einfluß, denn je schneller dort die Militärausgaben, die Streitkräfte und die militärischen Aktivitäten verringert werden, desto leichter fällt es auch uns, diesen Weg rascher und entschiedener zu gehen. Selbstverständlich würde es uns ebenso helfen, nähme der Westen auch materiell Anteil an der Lösung jener gewaltigen, riesige Investitionen erfordernden Aufgaben in Verbindung mit der Umorientierung demobilisierter Offiziere und der Konversion der Militärindustrie. Dies alles ist ja im Interesse der Sicherheit.

Weiterhin ist es sehr wichtig, daß die aus den Sowjetrepubliken neu entstehenden, unabhängigen Staaten rechtzeitig begreifen, welche Verantwortung ihnen der Status eines vollwertigen und geachteten Mitglieds der Weltgemeinschaft auferlegt — sie alle halten es ja für außerordentlich wichtig, diesen Status zu erlangen. Dazu gehört insbesondere, daß sie begreifen, von welchen Normen des internationalen Rechts und der internationalen Moral sie sich bei ihren Handlungen leiten lassen sollen: im militärischen und im Abrüstungsbereich (die Nichtweiterverbreitung von Kernwaffen und den Waffenhandel eingeschlossen), in der Sphäre der Menschenrechte und der Rechte nationaler Minderheiten, in der Ökologie und bei der wirtschaftlichen Zusammenarbeit, im Kampf gegen Drogen und bei vielem anderen.

Abschließend möchte ich sagen, daß ich im Hinblick auf die langfristigen Perspektiven optimistisch bin. Länder wie Rußland, noch dazu im Verbund mit anderen Staaten der Gemeinschaft, werden nicht untergehen, nicht abtreten von der geschichtlichen Szene. Ihre Konsolidierung ist nur eine Frage der Zeit und damit auch der Kosten, menschliche Leiden eingeschlossen.

Das eine wie das andere möglichst gering zu halten ist sehr, sehr wichtig. Daran müssen vor allem wir selber denken, aber ebenso unsere Nachbarn, die Weltgemeinschaft.

Georgi Arbatow
(Übersetzung von Wolfram Bremser)

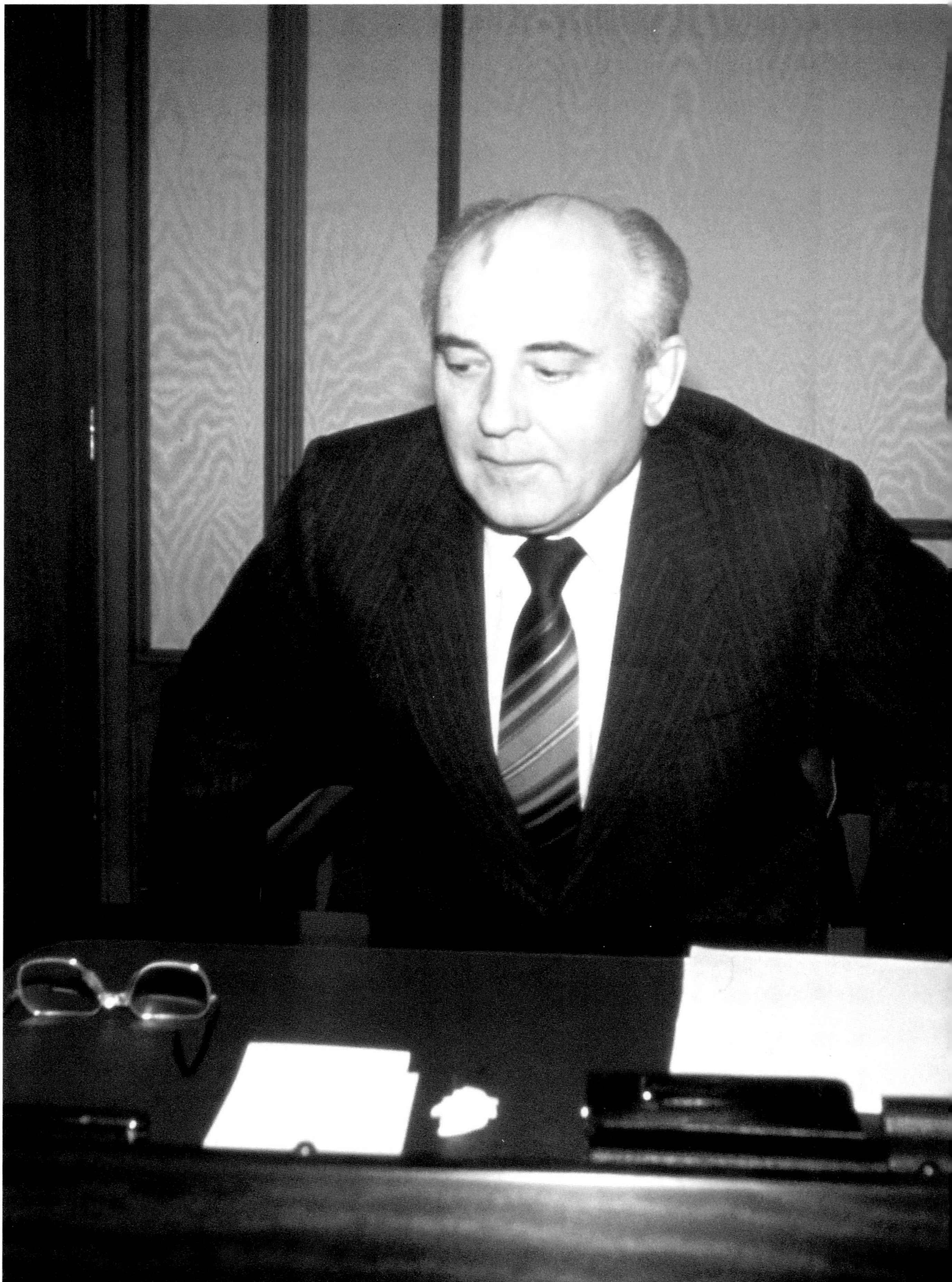

Am Ende einer großen Ära

Schlußakt eines der dramatischsten Kapitel der Weltgeschichte: Michail Gorbatschow, Generalsekretär der KPdSU, letzter in der Reihe der roten Zaren, die mit Wladimir Iljitsch Lenin 1917 begann, verläßt die politische Bühne. Der historische Augenblick: 25. Dezember 1991, 18.35 Uhr MEZ. Nur vier Monate zuvor, am 19. August 1991, hatten die Moskauer Putschisten Gorbatschow, den großen Reformer und ersten freigewählten Präsidenten der UdSSR, für abgesetzt erklärt. Zwar verschaffte Boris Jelzin ihm ein Comeback, doch die Macht hatte Gorbatschow bereits an den Präsidenten der Republik Rußland verloren. Die Sowjetunion, seit fast einem halben Jahrhundert hochgerüstete Supermacht und Schreckgespenst der westlichen Welt, hatte aufgehört zu existieren. Während der Mann, der Glasnost und Perestrojka erfunden hat, sich zum letzten Mal von seinem Schreibtisch im Kreml erhebt, wird draußen über der Kuppel des Senats die Sowjetfahne mit Hammer und Sichel endgültig eingeholt. Ende einer Ära.

Die alte Macht wird neu verteilt

Leonid Krawtschuk, selbstbewußt und seit 1. Dezember '91 frisch gewählter Präsident der Ukraine, will dem Russen Jelzin nicht das ganze Erbe der UdSSR überlassen (linkes Bild). Er vereinnahmt eine Million Soldaten im Land sowie die Schwarzmeerflotte und besteht auf einer eigenen Währung. Die Fähnchen auf dem Tisch markieren die drei starken Männer, die hier in Wiskuli bei Brest am 8. Dezember zu Protokoll geben, daß es die UdSSR völkerrechtlich fortan nicht mehr gibt (Bild rechts oben): Leonid Krawtschuk (2. v. l.), Stanislaw Schuschkewitsch, Parlamentsvorsitzender von Weißrußland (3. v. l.) und Boris Jelzin. Hier schließen die drei den Pakt von Brest, den Slavenbund, aus dem durch weitere Beitritte die Gemeinschaft Unabhängiger Staaten (GUS) wird. Acht Republiken kommen später bei einem Treff in der kasachischen Hauptstadt Alma-Ata dazu: Gastgeber Kasachstan, Usbekistan, Kirgisistan, Turkmenien, Tadschikistan, Moldawien, Aserbaidschan und Armenien. In Alma-Ata bekommt Boris Jelzin außer kräftigen Händedrücken auch den Zugriff auf die Atomwaffen sowie die Zusage der Gleichen unter Gleichen, daß Rußland auch den Uno-Sitz der Sowjetunion übernimmt (Bild rechts unten).

131

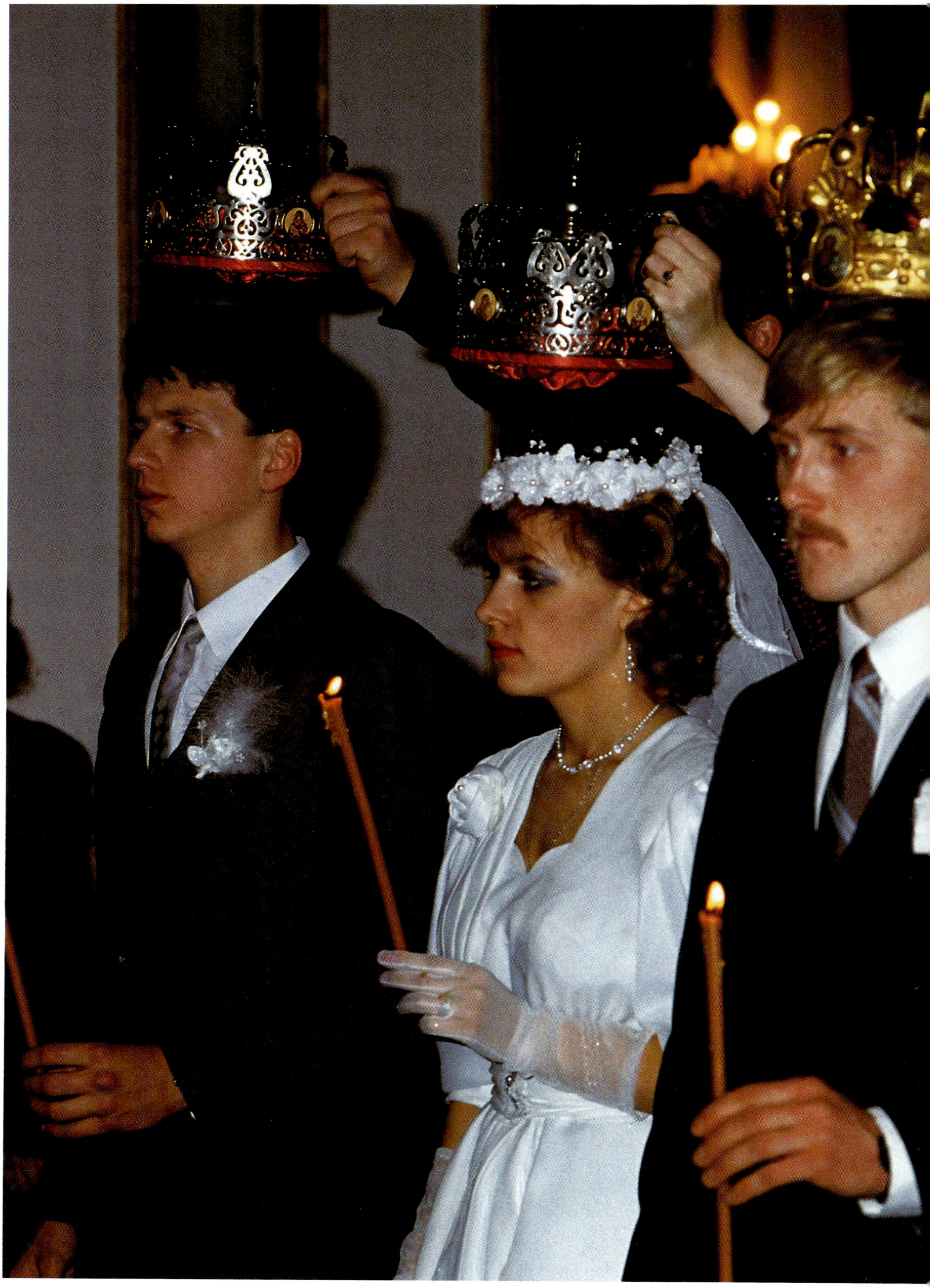

„Dieses Volk trägt Gott im Herzen"

An diesem Satz des großen russischen Dichters Fjodor Dostojewski scheinen auch 75 Jahre Kommunismus nichts geändert zu haben: Die Kirchen sind wieder voll, die Zahl der Gemeinden hat sich in den Jahren seit Glasnost und Perestrojka mit inzwischen 12 000 mehr als verdoppelt. Junge Menschen drängen sich zu Tausenden, um nach Großväterart — wie hier in Sankt Nikolaï in St. Petersburg — kirchlich getraut zu werden. Im Sowjetreich waren Parteibuch und Kirche nicht vereinbar. Zuletzt jedoch war auch ein Partei-Rausschmiß keine Drohung mehr. Von den 130 Millionen Russen, so schätzen die Moskauer Kirchenbehörden, ist etwa jeder dritte ein Gläubiger. Schon warnte die Bürgerrechtlerin und Sacharow-Witwe Jelena Bonner: „Sollte die Orthodoxie zur Staatskirche werden, dann werden wir gar nicht merken, wie schnell wir in Richtung Autokratie und Volkstümelei abrutschen."

Heilsfigur im Wandel der Zeiten

Als Souvenir hat der große Übervater Wladimir Iljitsch Lenin den Absturz seines Riesenreichs ins Nichts überstanden. Auf jedem Trödel ist er vertreten, überall wo Markt ist, wird er vermarktet — ausgerechnet er, der den Markt und seine Gesetze zeitlebens verteufelte und außer Kraft setzen wollte. Da steht er nun fein säuberlich aufgereiht auf rotem Fahnentuch in Plastik oder Gips, in Holz oder Blech, als Billigware für den schnellen Rubel. Und Hammer und Sichel, gestern noch die geheiligten Insignien einer Weltmacht, schmücken hier als Warenzeichen dekorativ die Händlerschürze. Die Marktwirtschaft hat übernommen.

135

Auf das Volk wird nicht geschossen

Wer schießt künftig für wen? Angetreten waren die jungen Soldaten, um ihren Wehrdienst in der einst siegreichen Sowjetarmee abzuleisten. Mit dem Ende der Sowjetunion begann das Tauziehen der Republiken um das militärische Erbe. Wer kontrolliert künftig die Atomwaffen? Wie schützt man sich vor Bürgerkriegen? In Georgien brannte bereits die Lunte, und in Jugoslawien wurde von Serben und Kroaten blutig vorgeführt, was es zu verhindern gilt. Die auf elf Republiken angewachsene Gemeinschaft Unabhängiger Staaten (GUS) einigte sich, eigene nationale Streitkräfte zuzulassen, einen gemeinsamen Oberbefehl vorerst jedoch beizubehalten. GUS-Oberbefehlshaber Marschall Jewgeni Schaposchnikow: Ein Einsatz der Armee gegen das Volk komme nicht in Frage. Aus den drei Sowjetsoldaten wurden inzwischen vereidigte Nationalgardisten der Ukraine.

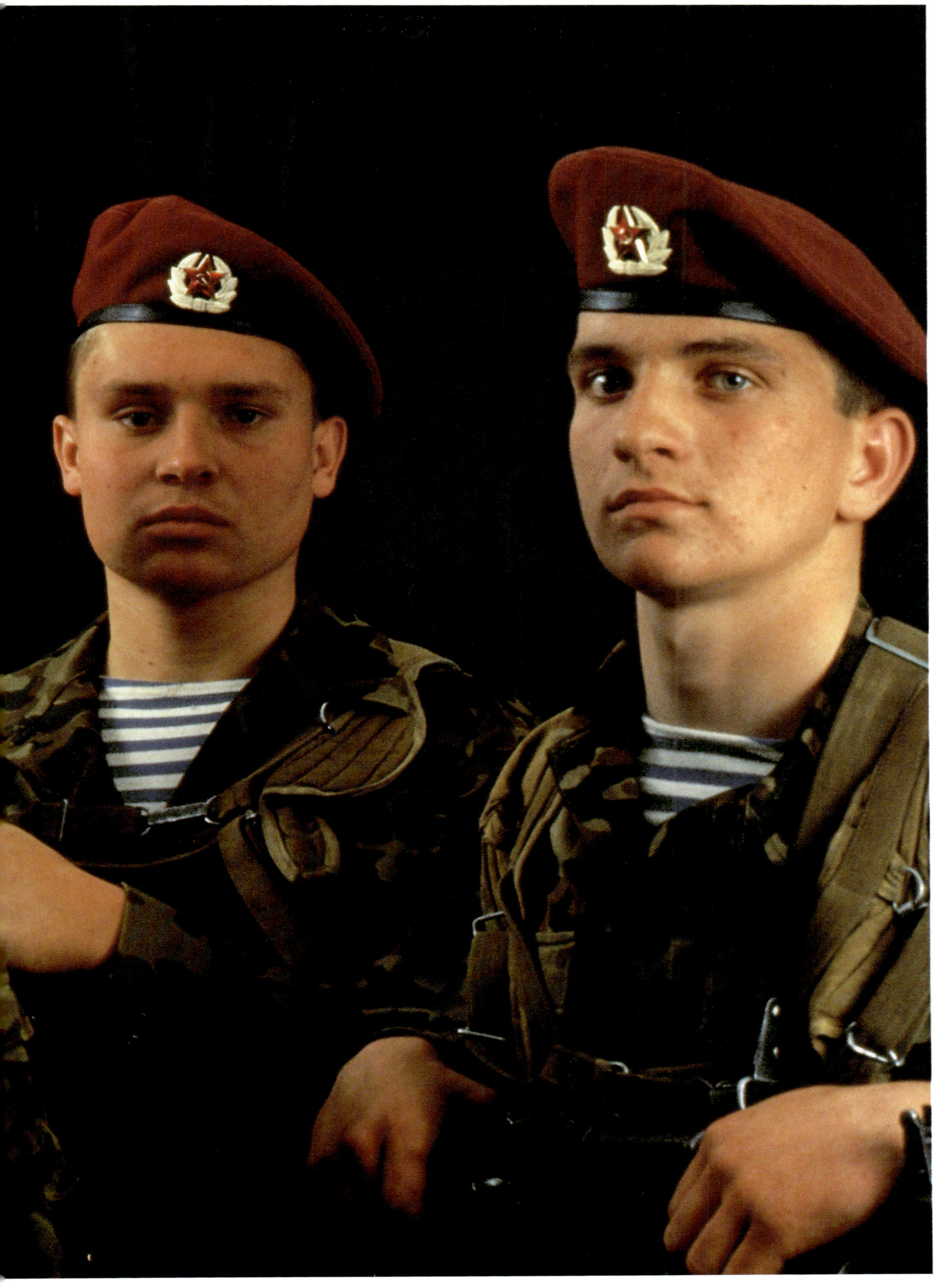

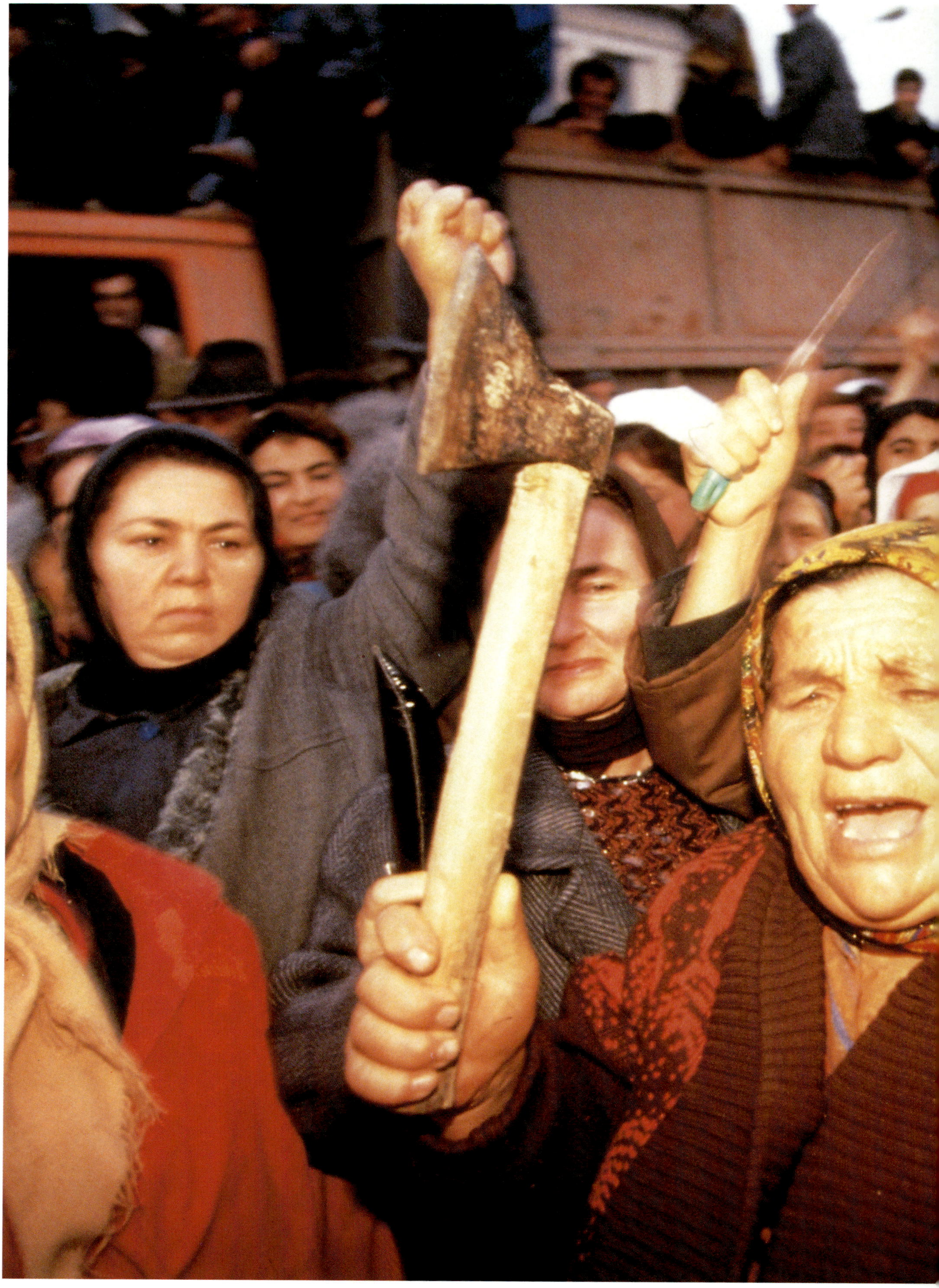

Mit diesen Frauen ist schlecht Kirschen essen

Daß man sich besser nicht anlegt mit Tschetschenenfrauen, diese Erfahrung mußte Russen-Präsident Boris Jelzin machen. Die muslimische Enklave im Südzipfel der riesigen Republik Rußland hatte getan, was Rußland mit Jelzin gemacht hatte: Sie hatte sich einen Präsidenten gewählt. Als der Ende Oktober 1991 die Unabhängigkeit der kleinen Moslemrepublik ausruft, schickt Boris Jelzin Truppen gen Süden. Sie sollen in der 1400 Kilometer entfernten Tschetschenen- und Inguschen-Republik die russische Ordnung wiederherstellen. Die Entschlossenheit der Bevölkerung jedoch zwingt Jelzin zum Einlenken. Und die Frauen, mit Äxten und Küchenmessern bewaffnet, feiern seine Schlappe mit einem martialischen Siegeszug durch die Straßen von Grosny, ihrer Hauptstadt.

„Hände hoch und Hosen runter!"

Sofern die feinen Herren der St. Petersburger Mafia letztere nicht gerade abgelegt haben: Razzia in einer Privatsauna — die dazugehörigen Damen sind diesmal nicht gefragt. Die Männer werden der Kasaner Bande zugerechnet, einer der vier großen Mafia-Clans im ehemaligen Leningrad. Mit Glasnost und Perestrojka hat sich das organisierte Verbrechen bei der ständig chaotischer werdenden Versorgungslage in dem zerbröckelnden Sowjetreich ausgebreitet wie früher nur Pest und Cholera. 5000 Banden, so schätzt man, sind überall präsent, wo sich abkassieren läßt. Sie sind die einzigen gut funktionierenden Organisationen im ganzen Land. Ihr Einfluß reicht bis hinter die Gefängnismauern.

141

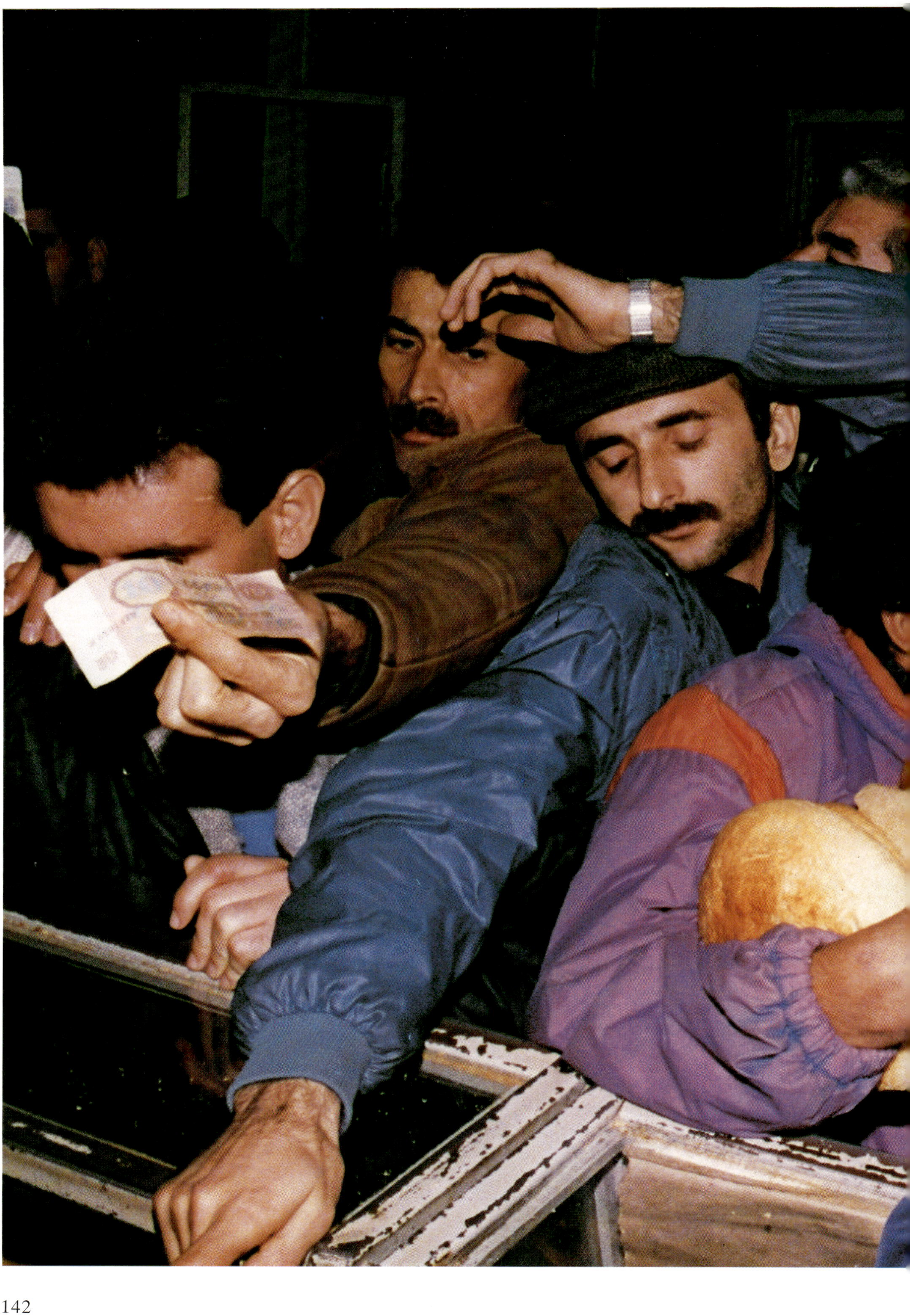

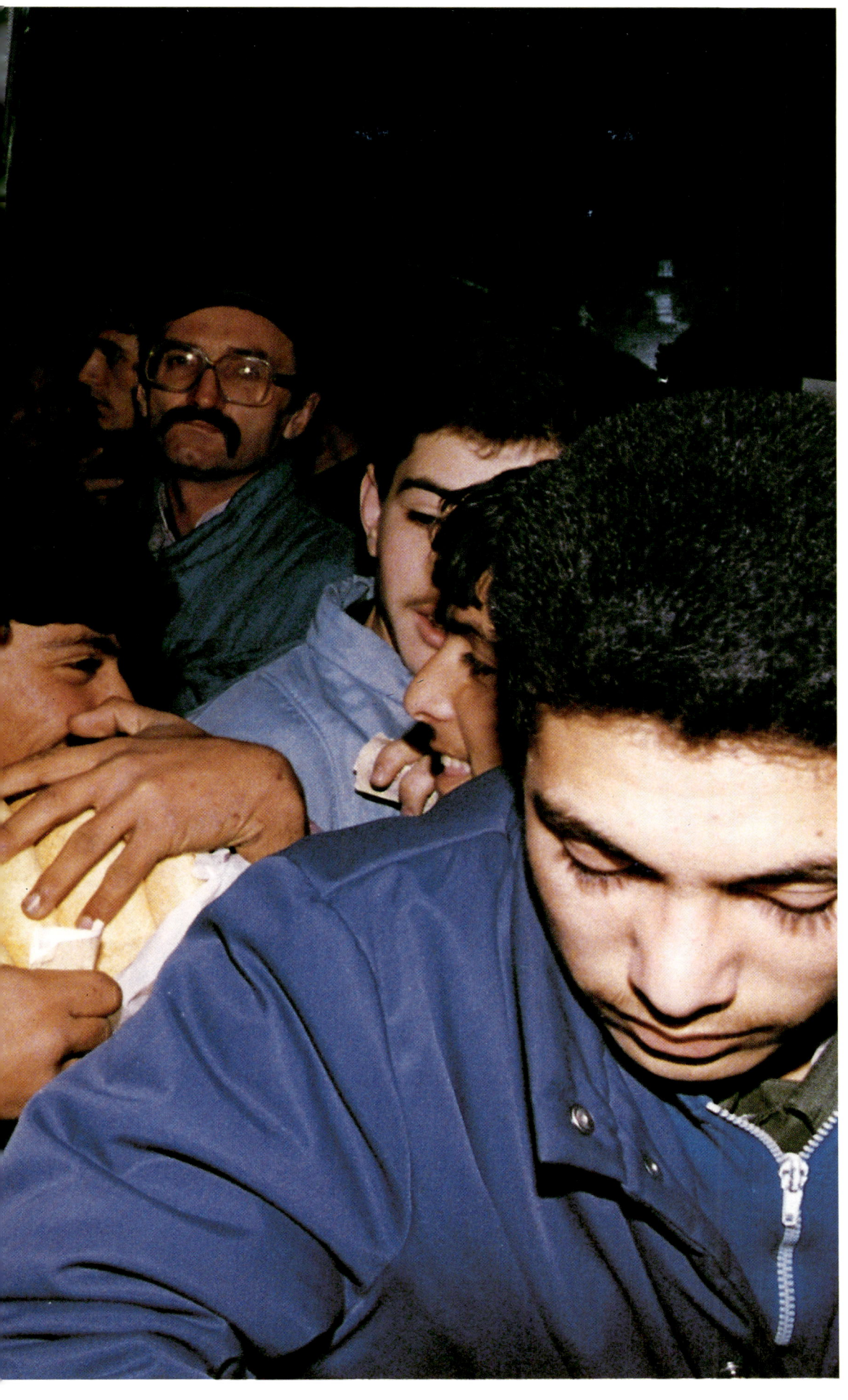

Zugreifen, solange der Vorrat noch reicht...

Kaufen, kaufen, kaufen heißt die Devise, solange es wie hier beim Bäcker noch etwas zu kaufen gibt. Morgen ist es bei den derzeit steigenden Preisen nur noch teurer — wenn es denn morgen überhaupt Brot zu kaufen gibt. Auch das ist längst Mangelware. Nicht nur weil 1991 ein Drittel Getreide weniger geerntet wurde als im Jahr davor, sondern auch, weil Futtermittel eine noch viel größere Mangelware sind und die Bauern ihrem Vieh lieber Brot zu fressen geben als gar nichts. Westliche Wirtschaftsauguren sehen zumeist auch düster in die Zukunft Rußlands und der übrigen GUS-Länder. Die Freigabe der Preise und Löhne sei viel zu früh erfolgt, der Strukturwandel für die Maßnahmen noch nicht reif, kurz, Jelzins Wirtschaftsreform ein „waghalsiges Experiment mit ungewissem Ausgang".

Not treibt die Menschen in die Müllberge

Die Leidensfähigkeit des russischen Volkes ist zwar sprichwörtlich, doch die Ärmsten der Armen, die, um überleben zu können, die Moskauer Müllhalden durchstöbern, haben sich unter Glasnost und Perestrojka anderes vorgestellt als Hunger, Armut und Not. Betroffen sind vor allem die Alten. Früher konnten sie von ihrer kleinen Rente mehr schlecht als recht leben, aber es reichte. Heute sind ihre 65 Rubel „Teilrente", von der viele ehemalige Sowjetbürger leben müssen, nichts mehr wert. Da sind weitere 65 Rubel Inflationsausgleich ein schwacher Trost, wenn gleichzeitig für Moskau und Umgebung das Existenzminimum mit 520 Rubel angegeben wird. Auch wer die volle Mindestrente beanspruchen kann, weil er mehr als 20 Jahre lang gearbeitet hat, ist mit 140 Rubel nur wenig besser bedient.

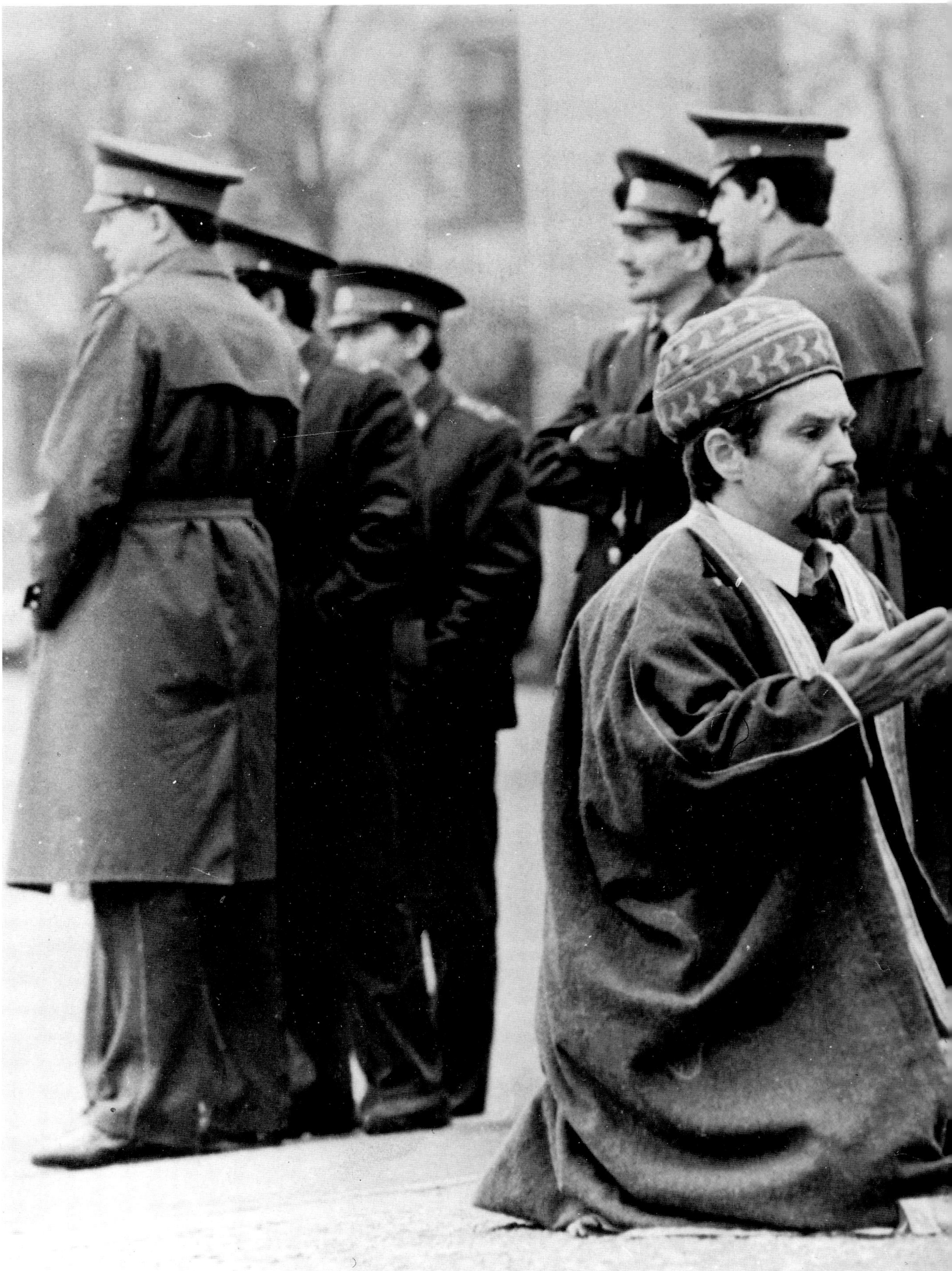

Nicht nach Moskau – nach Mekka geht der Blick

Während die führenden Sowjetsoldaten wie hier in der Tatarenhauptstadt Kasan noch nicht so recht wissen, wie es weitergehen soll, weiß der fromme Moslem sehr wohl, wann die Stunde Allahs geschlagen hat. Dann kniet er – auch mitten im Straßenverkehr – nieder zum Gebet, den Blick nach Mekka gerichtet. Der war den 50 Millionen Moslems, die vor allem in den südöstlichen Regionen der ehemaligen Sowjetunion leben, ohnehin wichtiger als der Blick nach Moskau. Von den 26 000 Moscheen aus der Zarenzeit hatten die Sowjets nur ein paar hundert in ihrer Funktion belassen – bis der Reformer Gorbatschow im Kreml einzog. Inzwischen sind es schon wieder einige tausend, und der Einfluß des Islam wächst. Dafür sorgen schon die übrigen, jenseits der alten sowjetischen Grenze gelegenen islamischen Staaten, allen voran Türkei und Iran.

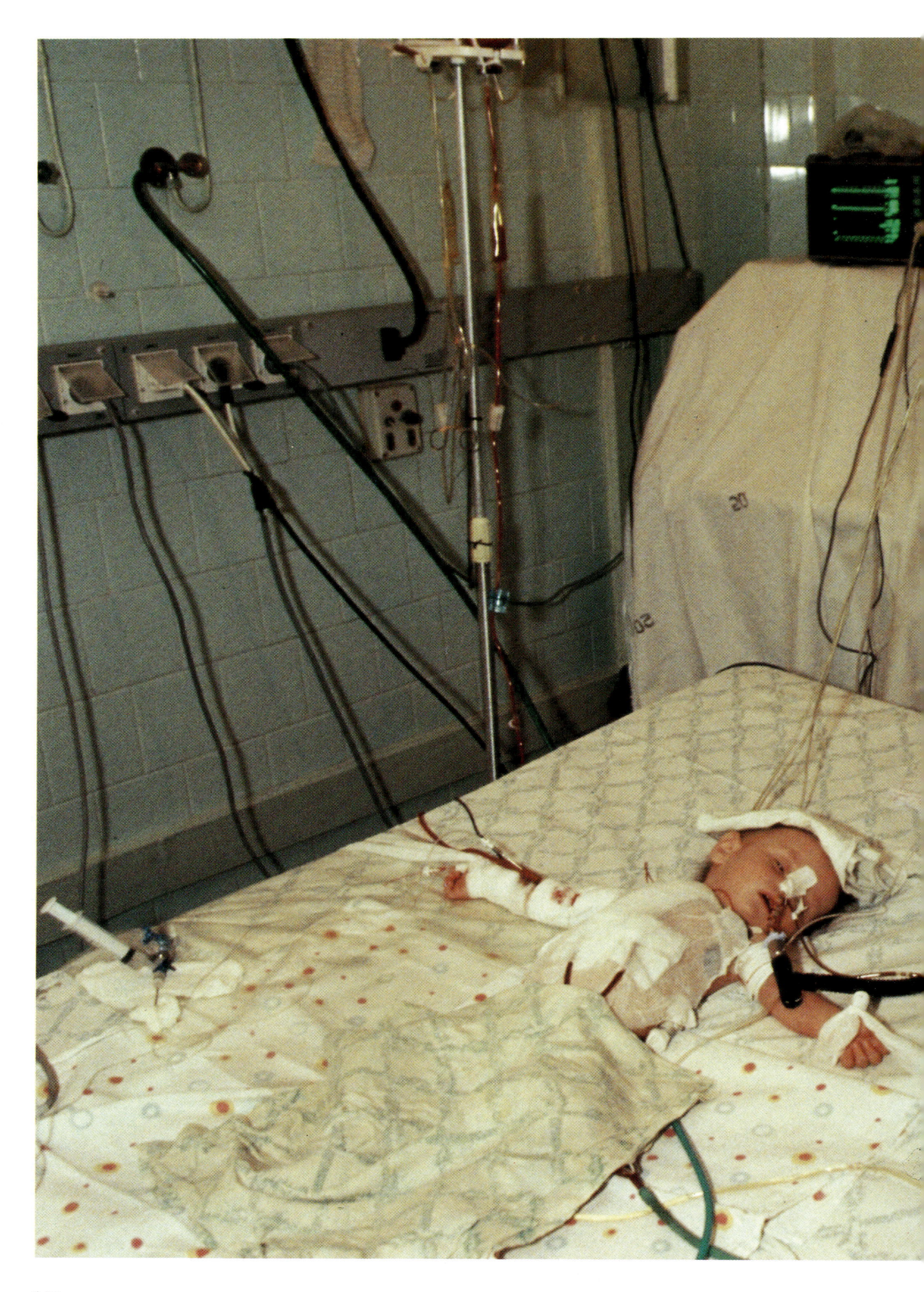